BAUEN UND WERKEN
MIT PAPA

TODD DAVIS

BAUEN UND WERKEN
MIT PAPA

25 BAUANLEITUNGEN
VOM ROLLBRETT
BIS ZUR REIFENSCHAUKEL

MIT FOTOS VON JULI STEWART UND TODD DAVIS
SOWIE ILLUSTRATIONEN VON NIK SCHULZ

AT VERLAG

Hinweise

Dieses Buch ist eine Übersetzung aus dem Amerikanischen.
Durch die Umrechnung der in Inch angegebenen Maße
in das metrische Maßsystem sind Differenzen um wenige
Millimeter möglich.

Zu den Holzzuschnitten: Falls Sie die erforderlichen Holzstücke
nicht selbst zuschneiden können oder wollen, können Sie dies
in den meisten Baumärkten oder in fast jeder Schreinerei ausführen
lassen.

Die in diesem Buch wiedergegebenen Anleitungen sind nach bes-
tem Wissen und Gewissen dargestellt und wurden mit größtmögli-
cher Sorgfalt geprüft. Folgen Sie den Anleitungen genau und beachten Sie alle notwendigen Sicherheitsvorkehrungen im Umgang mit
gefährlichen Objekten. Autor und Verlag übernehmen keinerlei
Haftung für Schäden oder Folgen, die sich aus dem Gebrauch oder
Missbrauch der hier vorgestellten Informationen ergeben.

Die Originalausgabe dieses Buches ist unter dem Titel
»Handy Dad« 2010 bei Chronicle Books LLC, San Francisco,
Kalifornien, erschienen.
Copyright © 2010 Chronicle Books,
Fotografie © 2010 Juli Stewart und Todd Davis,
Illustrationen © 2010 Nik Schulz.

Aus dem Amerikanischen übersetzt von Rudolf Aichner.

© 2012
AT Verlag, Aarau und München
Fachliche Durchsicht: Kurt Haberstich, Herlisberg
Gestaltung: Andrew Schapiro
Printed and bound in China

ISBN 978-3-03800-657-2

www.at-verlag.ch

Dieses Buch ist meinem Vater und meinem Sohn gewidmet.

INHALTS-
VERZEICHNIS

EINLEITUNG

Als Kind hatte ich öfter den unbeherrschbaren Drang, Sachen kaputt zu machen: Geschirr, Möbel, Keramik-Nippes und so gut wie alles, was meiner Schwester gehörte. Meine Eltern waren jedoch nicht gewillt, mein Hobby zu fördern und mir etwas von ihren Sachen zu überlassen. Entschlossen, mich den Wert materieller Dinge zu lehren, hatte mein Vater die kluge Idee, ich sollte meine Spielsachen selbst basteln. Er glaubte wohl, wenn ich den ganzen Prozess durchliefe, vom Entwerfen bis zum Bauen von Flugzeugen, Seifenkisten und mittelalterlichen Katapulten im Kinderformat, würde ich lernen, das Eigentum zu respektieren, das von anderen und mein eigenes. Auch würde meine Schwester dann nicht mehr durch kahlrasierte, einbeinige Barbies traumatisiert, die sie in der Toilette Wasser treten fand. Er behielt recht, teilweise zumindest.

Ich machte weiterhin Sachen kaputt, selbst Sachen, die ich mit meinem Vater gebastelt hatte, aber ich machte es nur noch ab und zu. Da ich nicht gerne Dinge repariere, fing ich an, Spielsachen zu bauen, die etwas aushielten. Damals verstand ich nicht, dass mein Vater viel mehr tat, als mir beizubringen, wie man elegant einen Hammer schwingt, ohne sich groß zu verletzen. Er ließ mir Raum, etwas zu schaffen. Und er lehrte mich, die Welt mit anderen Augen zu sehen, zu planen, schöne und manchmal sogar nachvollziehbare Skizzen zu machen und – am wichtigsten – meine Vorstellungskraft für etwas zu nutzen, das mich lang genug beschäftigt hielt, damit er ein Nickerchen halten konnte.

Mit der Zeit wurden unsere Projekte anspruchsvoller. Einmal hatte ich mit einem Freund Tauben gefangen, für die wir dann einen Vogelkäfig samt Türschließer bauten. Ein andermal konstruierten wir eine Halfpipe mit Blechen, die auf den Rahmen punktgeschweißt waren. Mein Vater gab mir weiterhin gute Tipps, auch wenn ich mir zutraute, die Sachen selbst hinzukriegen. Ich hatte nichts dagegen – ich genoss es sogar, dass er dabei war und meine Technik korrigierte, mich ermahnte, nicht seine neue Bohrmaschine zu nehmen, und mir zurief, wenn die Zähne der Kappsäge meiner Hand bedenklich nahe kamen.

Konstruieren und Bauen hatte für mich immer einen unschätzbaren Wert. Diese Kindheitserfahrungen haben mich veranlasst, einen Abschluss in Landschaftsarchitektur zu machen. Nach dem College war aber zunächst der Extremsport mein Lebensinhalt: Ich nahm an extremen Snowboard- und Skirennen teil und lebte einen Monat lang in Argentinien in einer (selbst entworfenen) Schneehöhle; ich brach ein paar Rekorde in Sportarten wie Fallschirmspringen, Skifahren, Snowboarden, Downhill-Mountainbiken, Surfen, Wasserski, Turmspringen und Skateboarden. Und in Filmen und Werbespots stürzte ich mich gegen Geld von Klippen und Gebäuden. Heute moderiere ich eine Sendung zum Thema Eigenheimmodernisierung und betreibe die erfolgreiche Designfirma *Epic Spaces,* die sich vor allem mit der Gestaltung dynamischer, interaktiver Räume für Außen- und Innenwelten befasst.

Wenn ich etwas baue, ist das eine direkte Reaktion auf die Arbeit anderer, mit dem Ziel, es besser zu machen. Ich baue Sachen immer auch zuerst für den Eigengebrauch, das heißt, sie müssen es aushalten, häufig und anhaltend überbeansprucht zu werden. Obwohl ich manchmal wie im Fieber baue, habe ich gelernt, mich zu zügeln und ein Projekt nicht sofort fertigzustellen. Ein Spielzeug in Handarbeit herzustellen, ist eine Übung in Problemlösen. Und mittlerweile schätze ich es, mit Familie und Freunden ein Projekt kritisch unter die Lupe zu nehmen und kleine Veränderungen vorzunehmen, um es zu verbessern.

Die hier vorgestellten Projekte sind für Aktivitäten sowohl drinnen wie draußen gedacht; sie sind so konzipiert, dass Väter und Kinder sie realisieren und Spaß damit haben können. Suchen Sie sich einfach etwas, was Ihr Kind mit einiger Begeisterung tut, und dann experimentieren und bauen Sie gemeinsam. Ich erwarte nicht, dass alle Kinder, die das Puppenhaus aus dem Buch nachbauen, einmal Superarchitekten werden, aber ich bin mir sicher, dass diese Projekte den Einfallsreichtum der Kinder fördern und sie ermutigen, das zu verfolgen, was ihnen Spass und sie glücklich macht. Auf jeden Fall finden Väter hier Ideen für gemeinsames Tun mit ihren Kindern, jenseits von Computerspielen oder Kinderliedern.

Die Projekte wurden angeregt durch das, was ich als Kind gern gemacht habe, was mir mein Vater übers Bauen beigebracht hat und durch meine Erfahrungen als Erwachsener im Extremsport. Die Anleitungen erfolgen Schritt für Schritt und gut nachvollziehbar. Zaubern Sie eine coole Halfpipe oder eine BMX-Rampe für die kleinen Abenteuer des Lebens. Nehmen Sie sich etwas Zeit und bauen Sie ein Baumhaus, eine Seilrutsche, eine Kletterwand oder eine Reifenschaukel für den Garten – ihre Kinder und deren Freunde werden jahrelang Spaß daran haben. Machen Sie sich eine schöne Zeit zuhause und basteln Sie Engelsflügel oder ein Puppenhaus, welche die Kleinen zum Lächeln bringt. Nehmen Sie sich eine Wasserdruckrakete, einen Wasserbombenwerfer, eine Rutschbahn oder die Batiktechnik vor, und ein Nachmittag voll Spaß ist garantiert. Und Spaß macht allein schon, die Freude auf ihren Gesichtern zu sehen, wenn sie das fertige Werk betrachten.

Passenderweise haben meine Frau und ich eben einen kleinen Jungen bekommen. Gerade beginnt er zu verstehen, wie es sein Leben bereichert, bunte Bausteine zu kleinen Türmchen zusammenzubauen. Da mein Vater mir so viel Wunderbares beigebracht hat, kann ich es kaum erwarten, die Entwicklung meines Sohnes ebenfalls zu fördern. Und wenn etwas schiefgeht, kann ich umso mehr Zeit mit ihm verbringen und ihn dabei beobachten, wie er versucht herauszufinden, wie er eine Seitenvertäuung für seine erste Hängebrücke aus Mull und Zahnseide machen kann. Ich weiß, bald schon wird er den Vergaser vom Auto seines Vaters reparieren und mich mit meinem eigenen Vater allein lassen, während wir versuchen, seinen Fernsehsessel zu reparieren.

EINFACHE PROJEKTE

LAVALAMPE

Wenn Sie über die Zeit der Schlaghosen, der Bee Gees und des Rollschuhlaufens im Mondlicht reden, starren Sie Ihre Kinder dann ausdruckslos an? Nun, die Siebziger werden ihnen wohl nicht viel bedeuten. Aber sie werden ausflippen, wenn sie dieses faszinierende Leuchtobjekt mit seiner hypnotisierenden Wirkung und seinen skurrilen, sich träge bewegenden Formen sehen. Alles, was Sie dazu brauchen, ist etwas Öl, Wasser, Lebensmittelfarbe und eine Aspirin-Brausetablette. Plopp, Plopp, zisch, zisch – und man entschwebt in andere Sphären!

SCHWIERIGKEITSGRAD:
total einfach

ZEITAUFWAND:
30 Minuten

MATERIAL:

1 Holzbrett (Kiefer oder Fichte), 100×15 cm, 2,5 cm dick

1 Leuchte mit einer 25-Watt-Glühbirne

570 ml Pflanzenöl

170 ml Wasser

Lebensmittelfarbe

1 grosses Glas mit Schraubdeckel (ca. 750 ml)

1 Alka-Seltzer- oder Aspirin-Brausetablette

BEFESTIGUNGSMATERIAL:

14 Holzschrauben, 30 mm

WERKZEUGE:

Bohrmaschine mit Kreuzschlitz-Bit, 3-mm-Bohrer und 60-mm-Lochsägeaufsatz

Stichsäge mit Mehrzwecksägeblatt

Kreis- oder Kappsäge

Lineal

Bleistift

2 kleine Schraubzwingen

ANLEITUNG:

1 Schneiden Sie von dem Brett zwei Stücke à 11 × 13 cm ab. Das werden die **A-Seitenwände.** Kennzeichnen Sie sie, um den Überblick zu behalten. Bedenken Sie, dass Ihr Sägeblatt gute 3 mm Verschnitt erzeugt. Messen Sie sorgfältig.

2 Schneiden Sie noch zwei Stücke mit 7 × 13 cm zu. Das werden die **B-Seitenwände.**

3 Sägen Sie eine kleine Aussparung in eine Ecke einer **B-Seitenwand,** um Platz für das Stromkabel der Lampe zu lassen.

4 Schneiden Sie noch zwei Stücke à 10 × 11 cm zu. Das werden **Ober- und Unterseite** des Sockels.

5 Nehmen Sie die Oberseite und kennzeichnen Sie den Mittelpunkt (siehe Skizze rechts): Platzieren Sie ein Lineal diagonal über zwei gegenüberliegende Ecken und markieren Sie die Mitte mit einem kurzen Strich. Wiederholen Sie das mit den beiden anderen Ecken. Die Linien kreuzen sich im Mittelpunkt. Schneiden Sie mit Ihrer Lochsäge ein Loch von 60 mm Durchmesser in den Mittelpunkt. Befestigen Sie das Holzstück dazu mit ein paar kleinen Schraubzwingen auf einem größeren Stück Abfallholz, um besser ansetzen und sauberer schneiden zu können.

6 Bohren Sie die Schraubenlöcher mit dem 3-mm-Bohrer vor und befestigen Sie dann die **A-Seitenwände** mit je zwei Holzschrauben auf der Unterseite. Siehe Abbildung **a.**

7 Platzieren Sie die Leuchte auf die Unterseite und befestigen Sie dann die **B-Seitenwände** wie gerade beschrieben. Prüfen Sie vorher, ob das Lampenkabel durch die dafür vorgesehene Aussparung passt. Siehe Abbildung **b.**

8 Bohren Sie Schraubenlöcher mit dem 3-mm-Bohrer vor und verbinden Sie dann die **A-** und die **B-Seiten-wände** mit einer Holzschraube in jeder der oberen Ecken des Lampensockels. Siehe Abbildung **c.**

9 Richten Sie die Leuchte so aus, dass sie fest im Sockel sitzt. Bohren Sie Schraubenlöcher vor und befestigen Sie die Oberseite mit Holzschrauben in zwei gegenüberliegenden Ecken. Siehe Abbildung **d.**

10 Für die »flüssige Lava« mischen Sie in dem Glas das Öl mit dem Wasser und zehn Tropfen Lebensmittelfarbe. Verschließen Sie es und schütteln Sie es gut, oder brechen Sie eine Alka-Seltzer- oder Aspirin-Brausetablette in vier Teile und werfen Sie die Stückchen nacheinander hinein, bis es wie gewünscht sprudelt. Das Gefäß sollte nicht ganz voll sein, damit die sprudelnde Lava nicht überläuft, wenn Sie das Alka-Seltzer oder Aspirin hineingeben, und lassen Sie das Gefäß offen – denn unter Druck kann Glas platzen. Stellen Sie das Glas aufrecht auf den Sockel, machen Sie die Leuchte an und dann: psychedelische Musik auflegen und chillen.

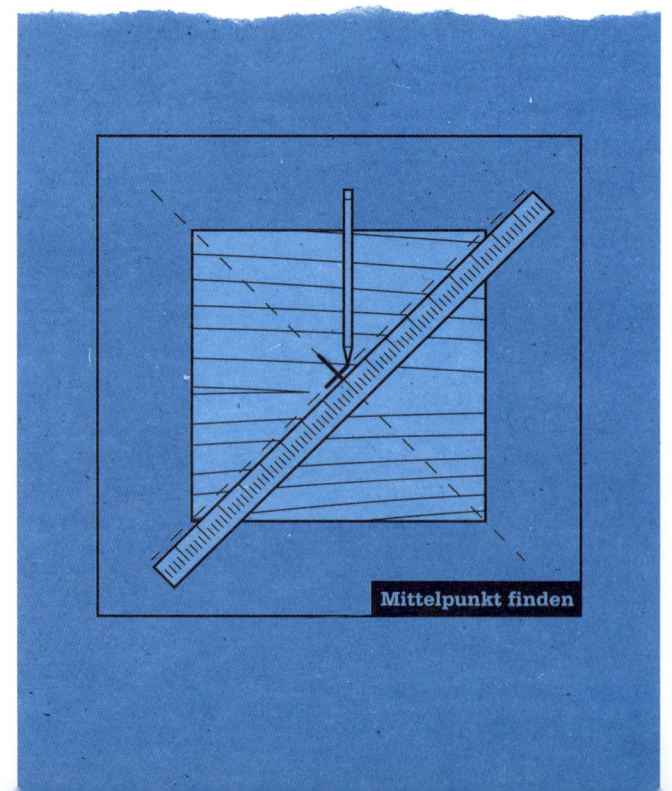

Mittelpunkt finden

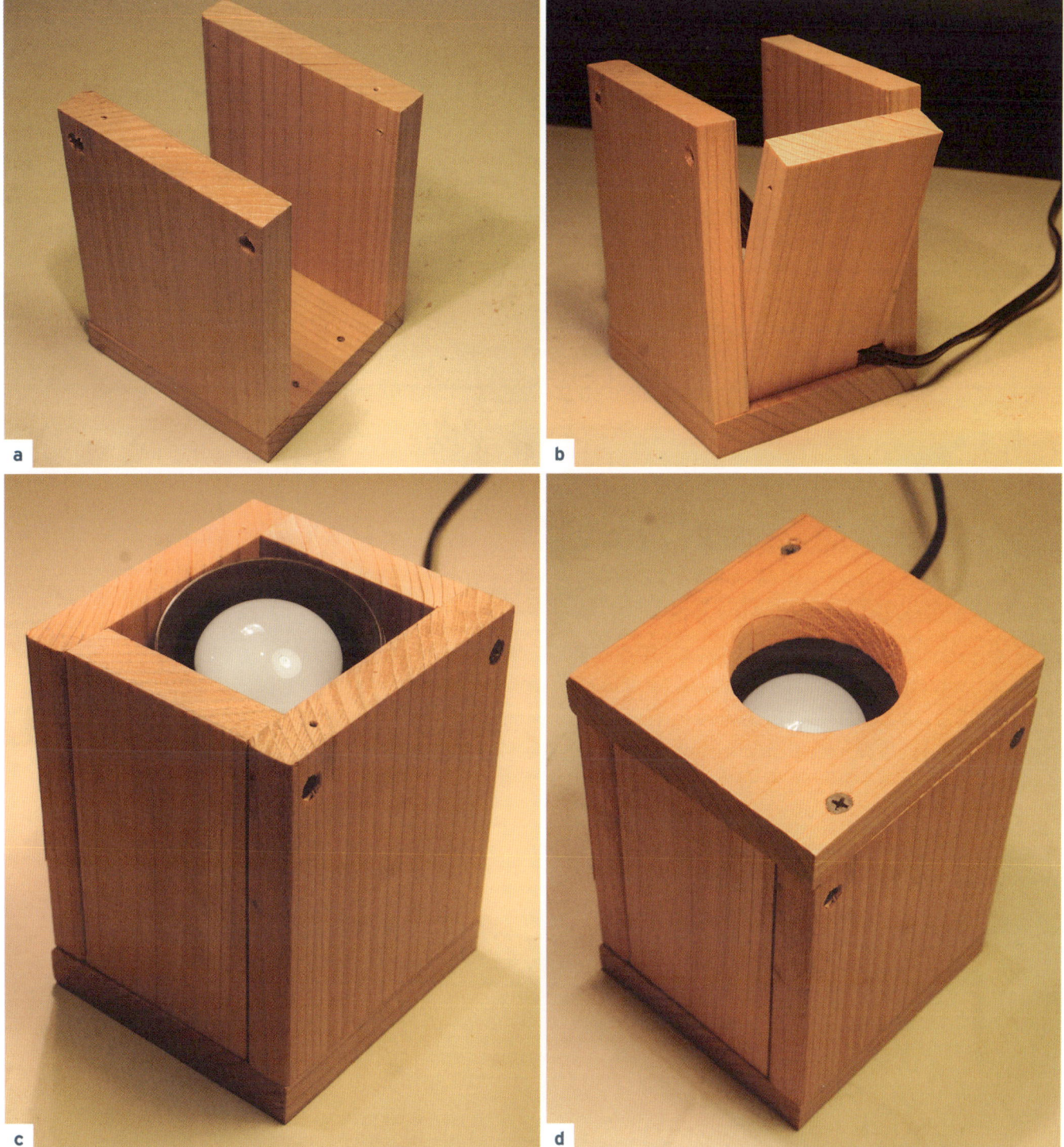

PAPIER-FLIEGER: DER BOMBEN-SICHERE BOMBER

Kennen Sie noch den klassischen Papierflieger mit Spitze? Nun, ich habe ihn verbessert. Hier ist er, der bomben-sichere Bomber. Er ist für die härtesten Missionen ausgelegt und kann unter den rauesten Bedingungen abheben. Er kann schnell von jedem Schreibtischflughafen gestartet oder heimlich in einer Hosentasche herumgetragen werden. Er ist nicht nur robust, sondern auch vielseitig: Es gibt Versionen fürs Gleiten, für superschnelle Angriffe und für Starts mit viel oder wenig Schub. Obendrein ist die Nase verstärkt und hält einem heftigen Aufprall stand; dennoch ist er ausbalanciert und kann ruhig und stabil fliegen. Man kann ihn für Starts aus der Hand auch gut greifen. Mir ist aber eine einfache weiße Flotte am liebsten, aber die Flieger können natürlich nach eigenem Geschmack dekoriert werden.

SCHWIERIGKEITSGRAD:
einfach

ZEITAUFWAND:
10 Minuten

MATERIAL:

1 Blatt Papier A4 (21 × 27,9 cm)

WERKZEUGE:

Lineal

1 Falten Sie das Papier längs: die Ecken aufeinanderlegen, die Außenseiten festhalten und mit dem Daumen kräftig über das Papier fahren, um einen Falz zu erzeugen. Arbeiten Sie genau; schon kleine Abweichungen können für ein Flugzeug kritisch sein. Falten Sie das Papier wieder auseinander.

2 Legen Sie die beiden oberen Ecken auf den Falz in der Mitte, bis sie sich berühren. Diese Seite Ihres Fliegers sollte nun wie eine Pfeilspitze aussehen. Siehe Abbildung **a**.

3 Falten Sie die gesamte Pfeilspitze nach unten und richten Sie dabei die Spitze (bei etwa zwei Drittel der Höhe) exakt auf den Falz aus. Das Papier sollte jetzt ein Rechteck bilden. Siehe Abbildung **b**.

4 Nehmen Sie nun eine der oberen Ecken des Rechtecks und falten Sie sie in einem Winkel von 45 Grad zum Mittelfalz. Siehe Abbildung **c**. Machen Sie dasselbe mit der anderen Ecke. Nach Belieben können Sie jetzt spezielle Feinabstimmungen vornehmen: Statt zum Beispiel die Ecken der Flügelklappen ganz zur Mitte zu führen, behalten Sie zwar den Winkel von 45 Grad bei, platzieren sie aber gut 1 cm neben dem Mittelfalz. Das gibt den Flügeln mehr Oberfläche, was sich in längeren Flugzeiten niederschlägt, aber auch zu langsameren Starts führt.

5 Der nächste Schritt verlangt etwas Papierfliegerhandwerk. Falten Sie die Pfeilspitze, die Sie zum Mittelfalz gelegt haben, wieder zurück nach oben, bis sich ein etwa 1,3 cm langer Riss in der inneren Kante der Flügelklappen ergibt. Siehe Abbildung **d**.

6 Nun falten Sie den ganzen Flieger entlang des Mittelfalzes so, dass alle gefalteten Teile außen sind.

7 Falten Sie nun die Außenkante der Flügelklappe zur Unterkante des Fliegers. Damit stecken alle Falze unter dem Flügel, was für einen ruhigen Flug sorgt. Siehe Abbildung **e**.

8 Ihr bombensicherer Bomber ist fertig! Nehmen Sie sich etwas Zeit für die Qualitätskontrolle vor dem Flug, drücken Sie den Flieger auf der Seite flach und glätten Sie Knicke in den Falten.

9 Zeit für ein paar Testflüge. Nehmen Sie den Flieger an seiner dicksten Stelle zwischen Daumen und Zeigefinger. Ziehen Sie an den Flügeln, bis sie auf gleicher Höhe sind, und lassen Sie den Flieger in den Himmel steigen! Für die maximale Reichweite werfen Sie ihn mit aller Kraft in einem Steigwinkel von 45 Grad hoch.

10 Um mehr Kontrolle über den Flugweg zu bekommen, reißen Sie die beiden Flügelenden jeweils 1,25 cm neben der Mitte des Fliegers ein und klappen Sie die Kanten hoch. Wenn Sie diese Klappen nach oben biegen, wird der Flieger nach dem Abheben steigen; nach unten gebogen, wird er sinken; eine nach oben und eine nach unten gebogen, führt zu einer Flugrolle. Für einen geraderen Flug nehmen Sie als Spitze eine Büroklammer.

Bauen Sie gleich eine ganze Staffel, und Ihre Kinder können Luftkampf spielen! Guten Flug!

WASSER-DRUCK-RAKETE

NASA-Raketenstarts von Cape Canaveral sind schon recht eindrücklich. Noch eindrücklicher ist es aber, Raketenstarts zu sehen, wenn sich die NASA im eigenen Garten befindet. Und Sie brauchen dafür kein Millionenbudget. Ein paar Dinge aus dem Haushalt zweckentfremdet – eine Plastikflasche, ein Korken und eine Luftpumpe –, und schon läuft der Countdown zum Start hoch in die Atmosphäre. Startklar!

SCHWIERIGKEITSGRAD:
einfach

ZEITAUFWAND:
ein paar Stunden

MATERIAL:

Korken einer Weinflasche

1,5-Liter-PET-Flasche

Luftpumpe mit einer Ballnadel und langem Schlauch (60 bis 90 cm)

Wasser als Raketentreibstoff

WERKZEUGE:

Teppichmesser

ABSCHUSSRAMPE (OPTIONAL)

MATERIAL:

1 Holzbrett (Kiefer oder Fichte), 100×20 cm, 2,5 cm dick

BEFESTIGUNGSMATERIAL:

10 Holzschrauben, 50 mm

WERKZEUGE:

Kreis- oder Kappsäge

Handsäge

Bohrmaschine mit 3-mm-Bohrer

ANLEITUNG:

1 Prüfen Sie, ob der Korken in die Öffnung Ihrer Wasserflasche passt. Falls Sie keinen passenden Korken finden, fragen Sie im Haushaltswarengeschäft.

2 Vergleichen Sie die Länge von Korken und Nadel und schneiden Sie mit einem Teppichmesser so viel vom Korken ab, dass die Nadel beim Hindurchstecken gerade noch aus dem Korken heraussteht. Siehe Skizze rechts und Abbildung **a**.

3 Stoßen Sie die Nadel nun der Länge nach durch die Mitte des Korkens. Siehe Abbildung **b**.

4 Befestigen Sie den Korken am Ende des Luftpumpenschlauchs.

5 Befüllen Sie die Wasserflasche zu einem Drittel mit Treibstoff – das heißt: mit Wasser.

6 Nun drücken Sie den Korken so fest wie möglich in die Flasche. Siehe Abbildung **c**.

7 Bauen Sie eine Art Abschussrampe, an der Sie die Flasche kopfüber anlehnen können. Das kann ein großer Pappkarton oder ein PVC-Rohr sein, ja selbst ein paar aufeinandergelegte Ziegelsteine genügen schon. Sorgen Sie dafür, dass die Flasche niemandem genau ins Gesicht zielt. (Für eine weniger improvisierte Rampe siehe Anleitung zum Bau einer Abschussrampe auf Seite 24.) Siehe Abbildung **d**.

8 Nun beginnt ein »Flugingenieur« (ein Kind) zu pumpen; zählen Sie während der Startsequenz die Pumpstöße mit. Die Flasche füllt sich mit Blasen, und der Korken zischt ein bisschen. Nach ungefähr 20 Pumpstößen erfolgt die Zündung. (Wenn Sie erst einmal wissen, wie oft gepumpt werden muss, können Sie den Countdown beim nächsten Mal mit dieser Zahl beginnen.) Der Korken fliegt aus dem Flaschenhals heraus, und die Rakete schießt himmelwärts. Behalten Sie sie im Auge!

9 Nun können Sie das Bergungsteam losschicken. Wenn die Rakete richtig gebaut wurde, wird sie weit entfernt von der Abschussbasis landen. Nach erfolgreichem Flug geht es zurück zum Einsatzzentrum und nach dem »Tanken« auf zum nächsten Flug. Falls nicht, zurück ans Zeichenbrett!

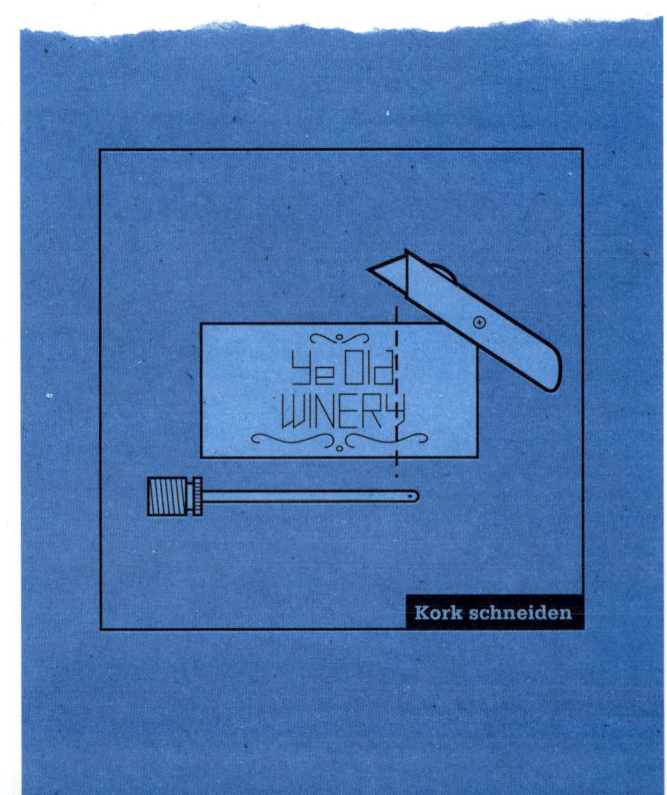

Kork schneiden

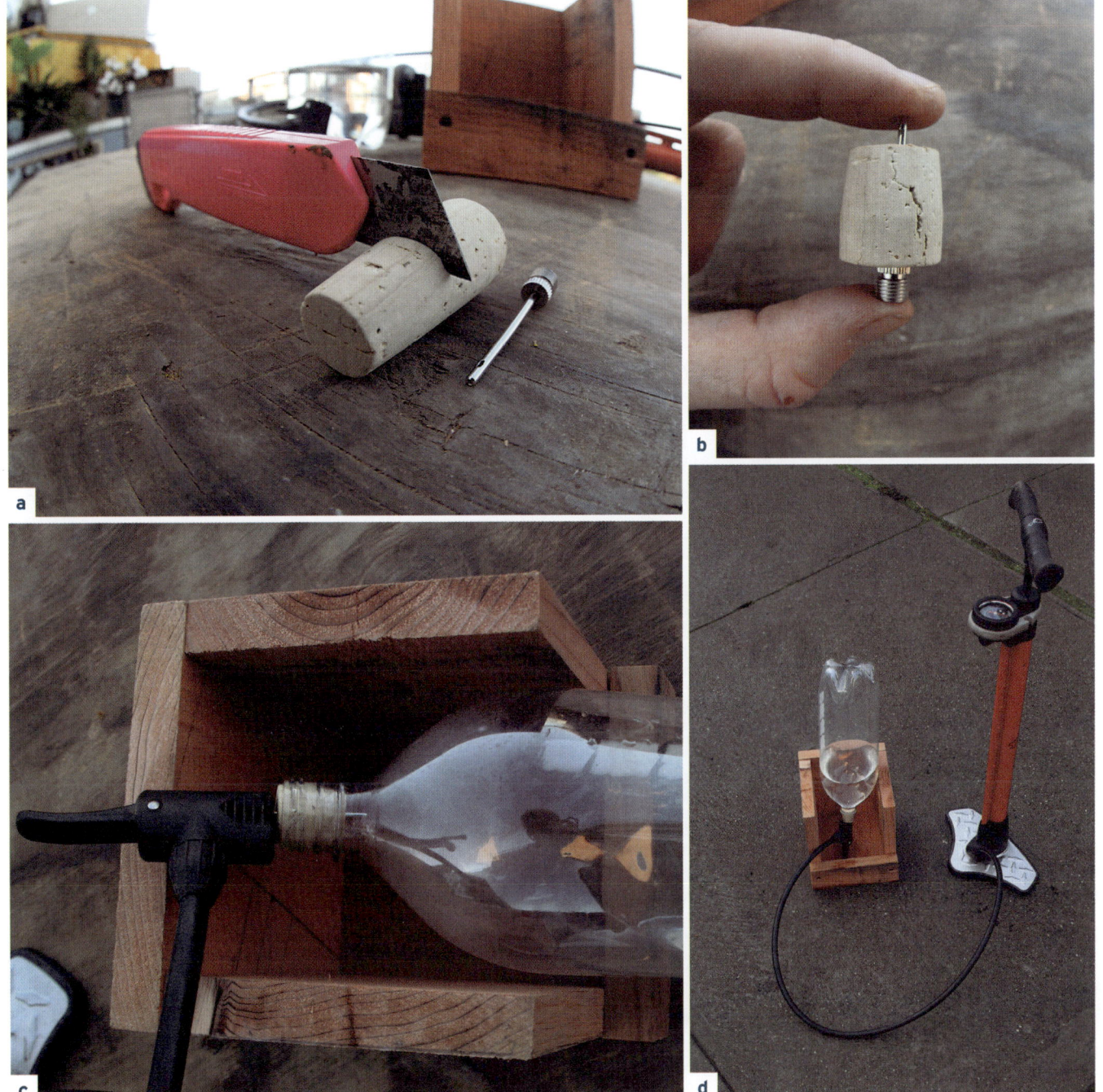

BAU EINER ABSCHUSSRAMPE

Für optimale Flüge bauen Sie eine Abschussrampe. Das erleichtert die Raketenstarts.

1 Schneiden Sie mit einer Kreis- oder Kappsäge von Ihrem Brett zwei Teile von je 16,5 × 16,5 cm ab.

2 Schneiden Sie zwei weitere Teile von 14 × 16,5 cm ab. Dies werden die Seitenwände.

3 Schneiden Sie ein weiteres Stück von 16,5 × 5 cm ab. Das wird der vordere Abschluss Ihrer Basis.

4 Bohren Sie alle Löcher mit einem 3-mm-Bohrer vor. Fügen Sie die beiden großen Teile an einer Seite mit zwei Holzschrauben zu einem L zusammen. Das ist der Anfang der Basis. Siehe Abbildung **a**.

5 Befestigen Sie die Seitenwände an der l-förmigen Basis, sodass sich ein dreiseitiger Kasten ergibt. Treiben Sie pro Seite zwei Holzschrauben durch den Boden der Basis. Alle Kanten sollten bündig abschließen. Siehe Abbildung **b**.

6 Verbinden Sie Seitenwände und Rückwand, indem Sie pro Seite eine Holzschraube etwa 2,5 cm unterhalb der Oberkante durch den Rücken des Kastens treiben.

7 Befestigen Sie den vorderen Abschluss mit zwei Holzschrauben. Vergewissern Sie sich, dass alle Kanten bündig abschließen. Siehe Abbildung **c**.

Sie haben nun eine stabile Basis zum Abschuss der Raketen. Sie können versuchen, die Rakete auf ein bestimmtes Ziel zu richten, aber meist fliegt die Flasche da hin, wohin sie will. Sammeln Sie Wasserflaschen, und bauen Sie sich einen Bestand an H_2O-Bomben auf!

Guten Flug!

a

b

c

RUTSCHBAHN

Ein kinderleichtes Projekt, das in fünf Minuten fertig ist, und dann können sich Ihre Kinder den ganzen Tag dumm und dämlich rutschen. Man braucht nur ein Stück Abdeckplane, ein bisschen Seife und ein paar Spritzer gutes altes H_2O. Damit das einfache Projekt so richtig klasse wird, nehmen Sie noch einen sandigen Hang, eine der Halfpipe-Rampen (siehe Seite 126) und Ihren Lieblingssee. Hoppla-hopp! Nun geht's ab!

SCHWIERIGKEITSGRAD:
leicht

ZEITAUFWAND:
ein Bier (für Papa)

ANLEITUNG:

1 Wählen Sie ein langes, flaches Stück Rasen, in dem keine Wurzeln, Sprinkler oder andere Hindernisse sind, in die Ihre Kinder nicht mit voller Wucht hineinrutschen sollten. Hänge gehen auch – sie sind sogar besser, da die Kinder nicht so viel Anlauf nehmen müssen, um richtig Fahrt zu bekommen. Stellen Sie dann aber sicher, dass der Auslauf eben ist!

2 Rollen Sie etwas Plane ab und befestigen Sie die beiden Ecken mit zwei U-Bügeln. Sie sollten sie einfach mit der Hand in den Boden drücken können. Rollen Sie nun den Rest der Plane aus und bringen Sie alle 3 Meter ein Paar Bügel (einen auf jeder Seite) an, und noch ein Paar am Ende der Rutsche.

3 Verteilen Sie auf der ganzen Plane etwas Seife. Einmal einseifen reicht für vier bis fünf Rutschpartien.

4 Befeuchten Sie die Plane vor jeder Rutschpartie mit etwas Wasser. Es braucht nicht viel.

5 Das war's schon! Lassen Sie nun den ersten Tester einen langen Anlauf nehmen und gleich am Anfang der Plane losrutschen. Und wenn sie vergessen in Rutschhaltung zu gehen, erledigt das die Rutschbahn automatisch.

Wenn genug gerutscht ist für den Tag, spülen Sie die Rutschbahn ab und lassen Sie sie trocknen, bevor Sie sie wegpacken, sonst beginnt sie zu schimmeln und zu modern.

Wie war's? Hatten Ihre Kinder Spaß? Großartig! Ein Tag im Wasserpark, und Sie mussten nicht mal Karten kaufen! Cool, nicht wahr?

MATERIAL:

1 Rolle strapazierfähige Abdeckplane aus Plastik, 1,20×30 m

1 Flasche biologisch abbaubares flüssiges Geschirrspülmittel

BEFESTIGUNGSMATERIAL:

24 Garten-U-Bügel (2 für den Anfang und dann alle 3 m je 2 weitere)

WERKZEUGE:

1 Eimer Wasser

NACHMITTAGS-PROJEKTE

KNÜPFBATIK

Was machen Sie, wenn Ihre Kinder sich für den Hippie-look und Klamotten mit farbigen, psychedelischen Mustern begeistern, die aussehen, als wären sie dem Hubbleteleskop entsprungen? Normale Klamotten genügen dann nicht mehr. Ob Sie täglich mit dieser Art von Zwangslage konfrontiert werden oder Ihren Nachwuchs einfach nur in ein überwältigendes Farbwunder kleiden wollen: Batik ist die Antwort.

SCHWIERIGKEITSGRAD:
ziemlich einfach

ZEITAUFWAND:
ein Nachmittag

MATERIAL:

Alles aus Baumwolle, was Sie bunt färben wollen: T-Shirts, Kissenbezüge, Betttücher, Hosen usw. (Hanf, Viskose und Leinen gehen auch, aber reine Baumwolle ist am besten.)

Einkaufs- oder Abfalltüten aus Plastik

FOLGENDES IST IN LÄDEN FÜR BASTELBEDARF ERHÄLTLICH:

Soda, damit das Gewebe die Farbe besser absorbiert. (Hier wird etwa eine Tasse voll benötigt, vielleicht ein bisschen mehr, je nachdem wie viel Sie färben wollen.)

Batikfarben oder Kaltreaktivfarben (wie z. B. Procion MX); nehmen Sie anfangs je einen Beutel in Rot, Blau, Gelb und - als Kontrast - Schwarz.

Essig oder ein chemisches Fixiermittel zum Fixieren der Farbe (lesen Sie die Packungsanleitung).

BEFESTIGUNGSMATERIAL:

50 Gummibänder verschiedener Größe

WERKZEUGE:

20-Liter-Eimer

Gummihandschuhe (gute Qualität)

Plastikspritzflasche (250 ml) mit abnehmbarer Düse (eine für jede verwendete Farbe)

Teelöffel

Messbecher

Küchenrost oder Drahtgeflecht

Plastikablage über die der Rost / das Drahtgeflecht passt

Plastikbeutel (so viele wie Stücke, die Sie färben)

Herd

Plastikkochlöffel

Stofffetzen

Abwaschbarer Filzstift

ANLEITUNG:

1 Legen Sie alles an Kleidern und Stoffen bereit, was Sie aufpeppen wollen.

2 Geben Sie in den Eimer eine Tasse Soda und knapp 4 Liter sehr warmes Wasser. Rühren Sie mit dem Plastikkochlöffel um, bis sich alles aufgelöst hat. (Diese Menge reicht für etwa zehn T-Shirts, für mehr nehmen Sie einfach etwas mehr Sodalösung.)

3 Weichen Sie den Stoff 15 Minuten in dieser Lösung ein.

4 Ziehen Sie die Plastikhandschuhe an, nehmen Sie das erste Färbestück und wringen Sie es über dem Eimer aus. Siehe Abbildung **a**. Ebenso verfahren Sie mit allen weiteren.

5 Für ein einfaches Spiralmuster fassen Sie das ausgewrungene Kleidungsstück an den Enden und verdrehen Sie diese gegeneinander. Wenn es fest gewickelt ist, sichern Sie es mit reichlich Gummibändern und legen es zur Seite.

6 Für ein Sonnenmuster breiten Sie das Kleidungsstück mit der Vorderseite nach unten flach auf einem sauberen und farbfreien Tisch aus. Wählen Sie die Stelle für den Mittelpunkt der Sonne und zwicken Sie dort den Stoff mit den Fingern zusammen. Siehe Abbildung **b**. Sie müssen beide Stoffschichten erwischen. Nun drehen Sie das Färbestück, ohne mit den Fingern loszulassen, zu einer engen Spirale. Siehe Abbildung **c**. Drehen Sie weiter und sorgen Sie mit der freien Hand dafür, dass keine Ärmel oder Ecken vorstehen und das Paket zu einer satt gewickelten, festen Scheibe wird.

7 Fixieren Sie das Paket mit einigen Gummibändern. Die Gummis müssen sich alle in der Mitte des Stoffpakets kreuzen. Siehe Abbildung **d**. Wenn Sie das Paket umdrehen, werden Sie feststellen, dass die Spirale auf der dem Tisch zugewandten Seite besser gelungen ist. Je enger die Spirale, desto besser das Ergebnis; deshalb haben wir auch die Vorderseite des Kleidungsstücks nach unten gelegt.

8 Ein V-förmiges Muster ist schon etwas für Fortgeschrittene. Dafür legen Sie das Kleidungsstück (T-Shirt) wie vorher flach auf den Tisch, falten es aber der Länge nach in der Mitte. Ziehen Sie jetzt mit einem abwaschbaren Filzstift eine Kurve von der Schulter bis zur Faltkante, etwa 7,5 cm über dem Saum. Von unten beginnend falten Sie nun den Stoff alle 2,5 cm, siehe Abbildung **e**. Die Falten sollten senkrecht zur gemalten Linie sein und ihr bis zur Schulter folgen. Jeweils gut flach drücken. Siehe Abbildung **f**. Befestigen Sie das Ganze mit reichlich Gummibändern – hier genügen kleinere.

9 Nun wird das Färbemittel angesetzt: Für mehrfarbige Effekte vermengen Sie in den Spritzflaschen je 2 Teelöffel Farbe mit etwa 240 ml Wasser. Achten Sie darauf, dass die Deckel fest sitzen, und schütteln Sie kräftig.

10 Legen Sie den Rost über die Plastikablage. Ich habe immer einen Backofenrost genommen und ihn über die Spüle gelegt – was gut funktioniert. Dann aber nicht vergessen, danach alles sorgfältig abzuspülen. Batiken ist klasse – gebatikter Schweinebraten nicht so!

11 Und jetzt wird's lustig. Man nimmt das erste vorbereitete Kleidungsstück und legt es mitten auf den Rost. Fangen Sie mit zwei Farben an. Das Färben erfordert etwas Fingerspitzengefühl: Man nimmt so viel Farbe, dass das Weiß des Stoffes verschwindet, aber nicht so viel, dass es ganz durchtränkt ist. Es geht darum, viel Farbe auf die sichtbaren Stellen des

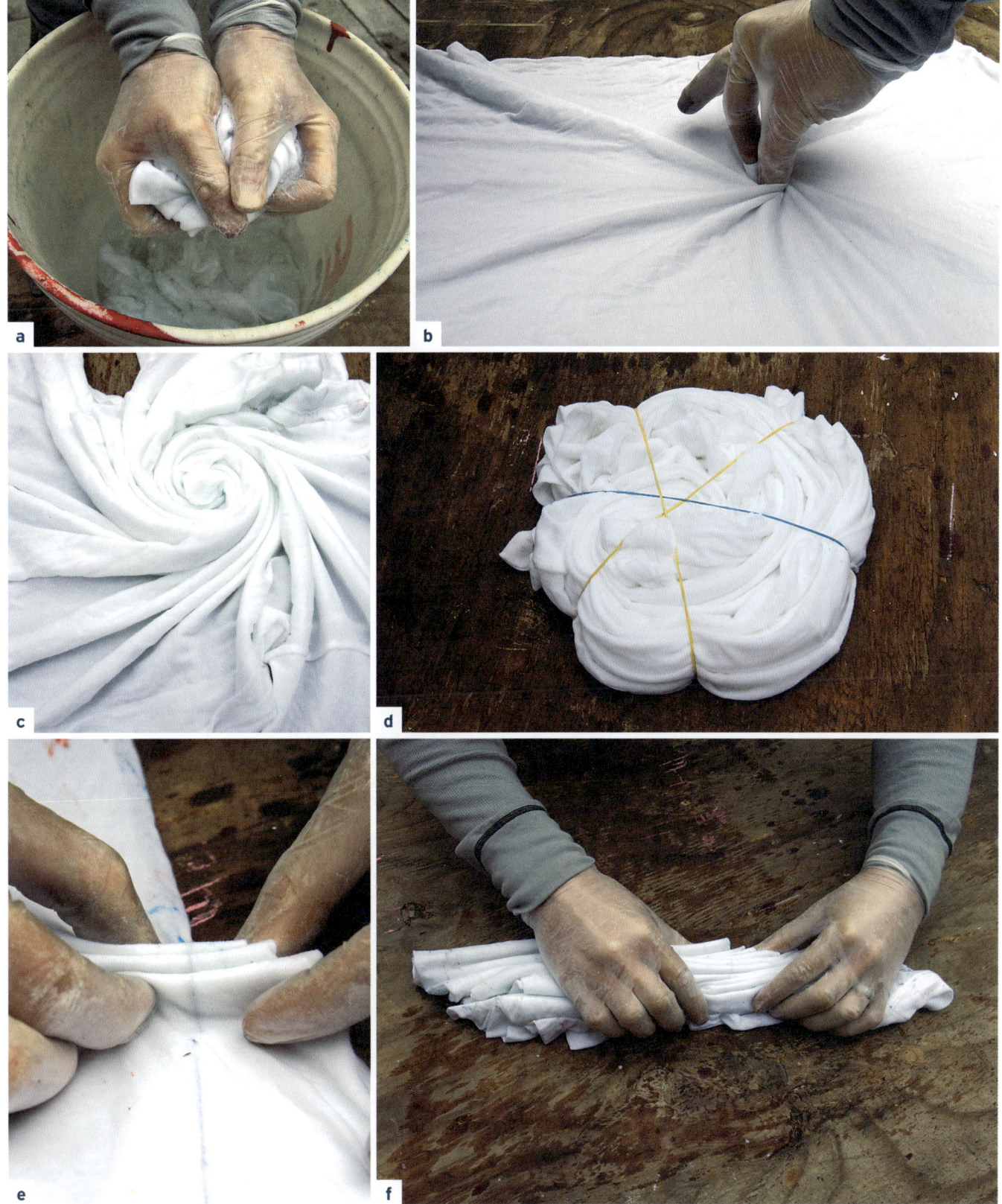

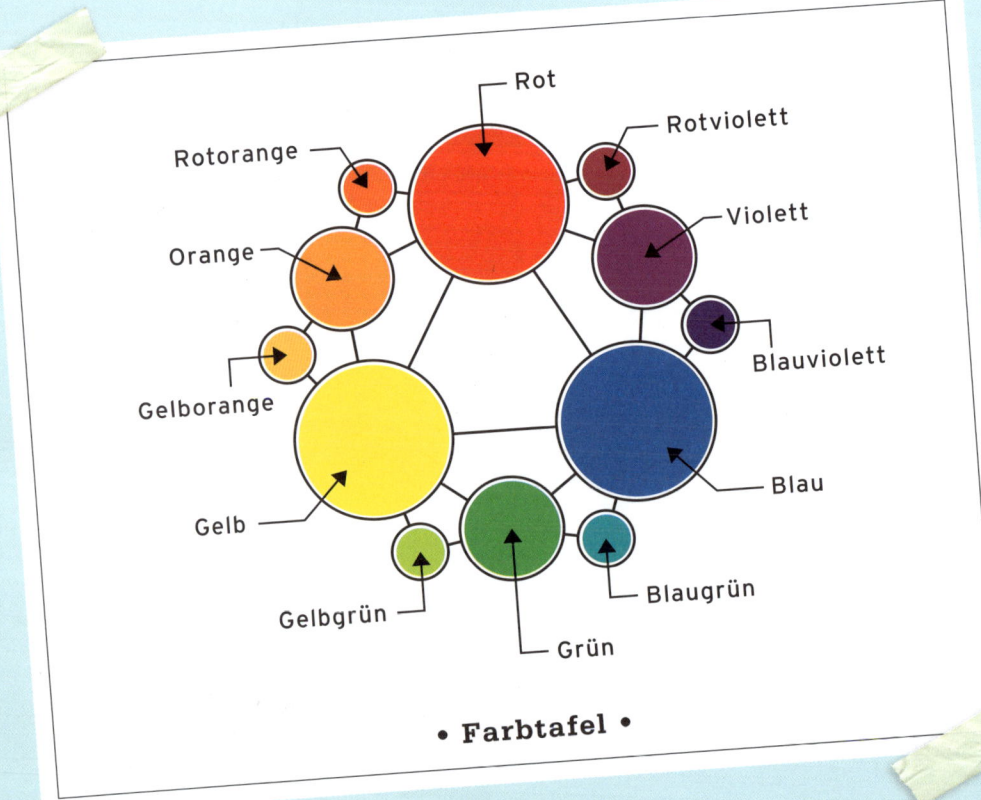

Rot
Rotviolett
Rotorange
Violett
Orange
Blauviolett
Gelborange
Blau
Gelb
Blaugrün
Gelbgrün
Grün

• **Farbtafel** •

Kleidungsstücks zu bringen und wenig in die Falten. Siehe Abbildungen **g** und **h** auf Seite 35. Es kann ein paar Versuche brauchen, bis man den Kniff beim Aufbringen der Farbe raushat. Sie werden auch merken, dass sich die Farben zu neuen Farbtönen mischen. Selbst wenn man also nur mit drei Farben angefangen hat, kann man eine Vielfalt an Farben hinkriegen, wenn man sie in unterschiedlichen Mengen und Kombinationen aufträgt. Siehe Farbtafel Seite 34.

12 Ist Ihr Meisterwerk fertig? Wenn ja, dann packen Sie es in eine Plastiktüte, verschließen Sie diese dicht und lagern Sie sie für 24 Stunden in einem warmen Raum. Verfahren Sie ebenso mit den weiteren Kleidungsstücken und verpacken Sie jedes einzeln in eine Plastiktüte. Vergessen Sie nicht, Spüle und Rost gründlich zu waschen!

13 Nach 24 Stunden nehmen Sie die gefärbten Kleidungsstücke aus den Beuteln und entfernen die Gummis. Wie sehen sie aus? Großartig, oder? Spülen Sie die Kleidungsstücke nun mit klarem, kaltem Wasser, bis beim Ausdrücken keine Farbe mehr austritt.

14 Nun zum Trocknen auf einen Bügel oder an die Wäscheleine hängen. Auf keinen Fall im Wäschetrockner trocknen, sonst werden die Farben blass und heraus kommt ein Einheitsbrei. Das spätere Waschen sollte ebenfalls nur mit klarem, kaltem Wasser erfolgen und, um Verfärbung anderer Wäsche vorzubeugen, nur zusammen mit ähnlichen Farben. (Jetzt ist auch das Trocknen in der Maschine möglich.)

Lassen Sie alle Kinder sich in ihren selbstgebatikten T-Shirts in einem Kreis gegenübersitzen und in dem Farbenrausch schwelgen! Vielleicht helfen Trommeln noch zur Steigerung des Effekts ...

g

h

SEILSCHAUKEL

Was könnte schöner sein, als sich wie Tarzan durch den Urwald zu hangeln? Seilschaukeln im Garten machen jahrelang Spaß. Das Preis-Leistungs-Verhältnis, das ein Stück Seil, ein Holzrest und ein stabiler alter Baum bieten, ist einfach unschlagbar. Der Ast, an dem die Schaukel angebracht wird, sollte mindestens 15 cm dick und in 2,4 Meter Höhe sein. Dann braucht es nur noch ein paar Knoten, und los geht das Vergnügen!

SCHWIERIGKEITSGRAD:
ziemlich einfach

ZEITAUFWAND:
ein Nachmittag

MATERIAL:

1 gedrehtes Nylonseil*, 20 mm Durchmesser oder dicker (Länge je nach Asthöhe)

Gartenschlauch, 90 cm lang

1 Brett (Lärche oder Esche), 15×20 cm, 5 cm dick

* *Eine Anmerkung zum Nylonseil:*
Es ist eines der stärksten Universalseile. Es hält vier- bis fünfmal so lange wie ein Seil aus Naturfasern, da es eine höhere Abriebfestigkeit besitzt und gegenüber Chemikalien und UV-Licht (Sonnenlicht) beständiger ist. Gedrehte Seile können sich im Gegensatz zu geflochtenen dehnen und wieder zusammenziehen. Deshalb eignen sie sich hervorragend für Stoßbelastungen, wie sie Kinder mit rund 35 kg verursachen, wenn sie den tiefsten Punkt ihres Schwungs erreicht haben.

WERKZEUGE:

Bohrmaschine mit einem 20-mm-Spaten- oder Schlangenbohrer

Schleifpapier, 60er-Körnung

Feuerzeug oder Grillanzünder

HINWEIS:

Details zu den hier verwendeten Knoten finden Sie auf Seite 162.

1 Wählen Sie einen Baum mit einem passenden Ast. Größer und höher ist immer besser. Wenn Sie einen 15 cm dicken Ast in 27 m Höhe finden, rufen Sie mich an! An diesem möchte ich selbst schaukeln …

2 Sie sollten so viel Seil haben, dass neben der Strecke vom Boden bis zum tragenden Ast noch 1,8 m übrig bleiben. Besorgen Sie sich einfach mehr Seil, als Sie zu brauchen meinen – besser zu viel als zu wenig. Das Ende, das am Ast befestigt werden soll, erhitzen Sie mit dem Feuerzeug, um ein Ausfransen zu verhindern. Dies ist erreicht, wenn nach ungefähr einer Minute alle Fasern miteinander verschmolzen sind.

3 Jetzt ist der Moment, um einen Palstek zu üben. Da Sie einen Gartenschlauch benutzen, müssen Sie, anders als in der Anleitung auf Seite 162 beschrieben, keinen Extraschlag um das Objekt führen.

4 Machen Sie also eine Endacht (einen Achterknoten), etwa 2,4 m vor dem Seilende, das um den Ast kommt, und schieben Sie den Gartenschlauch über dieses Seilstück. Dann stecken Sie sich das Seilende in die Hosentasche und klettern den Baum hoch, natürlich können Sie auch eine Leiter nehmen, wenn der Ast auf diese Weise erreichbar ist.

5 Aber lesen Sie zuerst die Anleitung bis zu Ende! Das Buch mit auf den Baum zu nehmen und die Anleitung zu lesen, während man an einem 15 m langen Ast hängt, bringt nur Ärger.

6 Sie haben also die Beine um den Ast geschlungen – nicht nach unten sehen! – und platzieren das Seilstück mit dem Schlauch etwa 2,4 m vom Stamm weg über den Ast. Lassen Sie 60 cm Seil nach dem Schlauchende überstehen.

7 Jetzt kommt der Augenblick der Wahrheit: Machen Sie einen Palstek. Aber nicht zu fest, Sie müssen noch eine Faust durch die Schlaufe stecken können. Das sorgt für etwas Bewegungsfreiheit und verhindert gleichzeitig eine übermäßige Reibung zwischen Seil, Schlauch und Baum.

8 Prüfen Sie, ob der Knoten fest ist. Wenn ja, sind Sie ein Musterschüler und können wieder runterklettern.

9 Nun fertigen Sie den Schaukelsitz: Bohren Sie in der Mitte des Bretts ein 20-mm-Loch und schleifen Sie die Kanten sorgfältig ab.

10 Machen Sie drei Endachten in das Seil: 1,8 m, 1,5 m und 1,2 m über dem Boden.

11 Ziehen Sie das Seil durch das Loch im Schaukelsitz und positionieren Sie diesen etwa 90 cm über dem Boden. Machen Sie direkt unter dem Sitz zwei Endachten.

12 Nun sollten Sie die perfekte Schaukel haben. Den Rest des Seils schneiden Sie 5 bis 10 Zentimeter über dem Boden ab und verschmelzen das Ende mit dem Feuerzeug wie gehabt.

Seilreste sind für tausenderlei Sachen gut – als Springseil zum Beispiel. Hallo, gleich zwei Projekte in einem!

REIFEN-SCHAUKEL

Das älteste Gerümpel kann das tollste Ding der Welt sein. Nehmen Sie zum Beispiel alte Reifen. Für manche Menschen sind sie bloß ein Schandfleck. Aber was sehen Sie? Genau: viele Stunden Kinderfreuden. Aus alten Reifen lassen sich hervorragende Reifenschaukeln machen. Sie brauchen einen großen Baum mit einem dicken quer abstehenden Ast (fast so dick wie der Stamm), der in 3 Meter Höhe oder höher ziemlich horizontal wächst. Und falls Sie selbst keine alten Reifen haben, keine Sorge! Begeben Sie sich mit Ihren Kindern im Schlepptau zur nächsten Autowerkstatt. Dort können Sie aus einer Menge Reifen auswählen. Suchen Sie nach einem Niederquerschnittsreifen, auch Breitreifen genannt (bei dem das Loch in der Mitte größer und der Reifen selbst breiter ist), denn die schwingen besser.

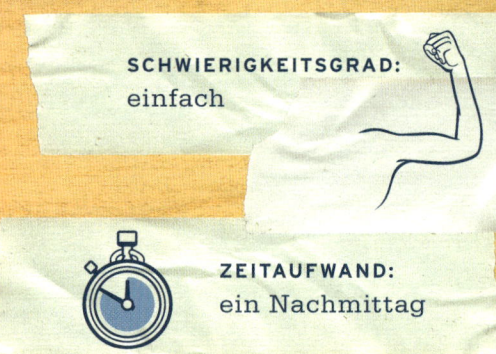

SCHWIERIGKEITSGRAD:
einfach

ZEITAUFWAND:
ein Nachmittag

MATERIAL:

Hochleistungs-Niederquerschnittsreifen

Strapazierfähiges Nylonseil, 20 mm Durchmesser, 12 m lang

1 dicke Kette, 1 cm Durchmesser, 90 cm lang

Durchsichtiger Schlauch, 50 mm Durchmesser, 90 cm lang

BEFESTIGUNGSMATERIAL:

1 Ringschraube, 50 mm, mit 2 Muttern

2 verzinkte U-Scheiben, ca. 20 mm Aussendurchmesser

2 verzinkte U-Scheiben, ca. 50 mm Aussendurchmesser

1 Schraubglied, 10 mm

1 Kettenwirbel mit zwei Augen

WERKZEUGE:

Bohrmaschine mit 6-mm-Bohrer und 25-mm-Schlangenbohrer

Seitenschneider

Feuerzeug oder Grillanzünder

Klebeband

Leiter, die zum ausgewählten Ast reicht

HINWEIS:

Details zu den hier verwendeten Knoten finden Sie auf Seite 162.

ANLEITUNG:

1 Bohren Sie in der Mitte oben und unten durch den Reifen ein 6 mm großes Loch. Das obere Loch ist für die Ringschraube. Das untere Loch verhindert, dass Sie eine Mückenzucht aufmachen: Kein Wasser unten im Reifen heißt keine Mücken (jedenfalls nicht in der Reifenschaukel).

2 Schieben Sie eine 20-mm- und dann eine 50-mm-Unterlegscheibe auf die Ringschraube und stecken Sie sie in eines der Löcher. Das wird das obere Ende der Schaukel. Siehe Abbildung **a**.

3 Drehen Sie den Reifen um und stecken Sie wiederum eine 50-mm- und dann eine 20-mm-Unterlegschraube auf das Ende der Schraube. Setzen Sie eine Mutter auf und verschrauben Sie alles fest. Nehmen Sie nun die andere Mutter und schrauben Sie diese fest auf die erste, um sie dauerhaft zu kontern.

4 Stellen Sie den Reifen aufrecht hin. Bohren Sie für die Seilhaltegriffe mit dem 25-mm-Bohrer vier Löcher etwa 2,5 cm von der Außenkante und 25 cm von der Ringschraube entfernt in den Reifen, so dass sie ein Rechteck bilden. Siehe **Löcher in den Reifen bohren.**

5 Aus dem Reifenmantel hervorstehende einzelne Drähte schneiden Sie mit dem Seitenschneider weg. Vergewissern Sie sich, dass keine scharfen Kanten bleiben.

6 Schneiden Sie vom Seil vier 60 cm lange Stücke ab. Um ihr Ausfransen zu verhindern, erhitzen Sie die Enden mit dem Feuerzeug und umwickeln Sie sie mit Klebeband.

7 Machen Sie jeweils am einen Ende der Seilstücke eine Endacht (Achterknoten) und führen Sie das andere Ende durch die Löcher für die Seilhaltegriffe. Wenn Sie durch sind, machen Sie auch am anderen Ende jeweils eine Endacht. Siehe Abbildung **b**.

8 Ziehen Sie die Kette durch den Schlauch. Das verhindert, dass die Kette am Baum scheuert.

9 Stellen Sie die Leiter auf festem, ebenem Untergrund an den Baum, klettern Sie mit der Kette hoch, legen Sie diese über den gewünschten Ast und verbinden Sie die beiden Enden mit dem 10-mm-Schraubglied. Bevor Sie zuschrauben, hängen Sie ein Auge des Kettenwirbels ein. Jetzt können Sie das Schraubglied fest zuschrauben. Siehe Abbildung **c**.

10 Haben Sie das Seilende bereits erhitzt und verklebt? Gut. Dann befestigen Sie es mit einem Palstek am freien Auge des Kettenwirbels und führen es einmal zusätzlich durch das Auge, wenn Sie die Schlaufe machen.

11 Führen Sie das andere Ende des Seils durch die Ringschraube im Reifen, stellen Sie die gewünschte Höhe ein und befestigen Sie es mit einem weiteren Palstek, wobei Sie eine zusätzliche Schlaufe durch die Ringschraube ziehen. Überstehendes Seil schneiden Sie ab.

12 Und nun sollen sich Ihre Kinder gut an der »Löwenmähne«, den Seilhaltegriffen, festhalten und können sich schwindlig schaukeln.

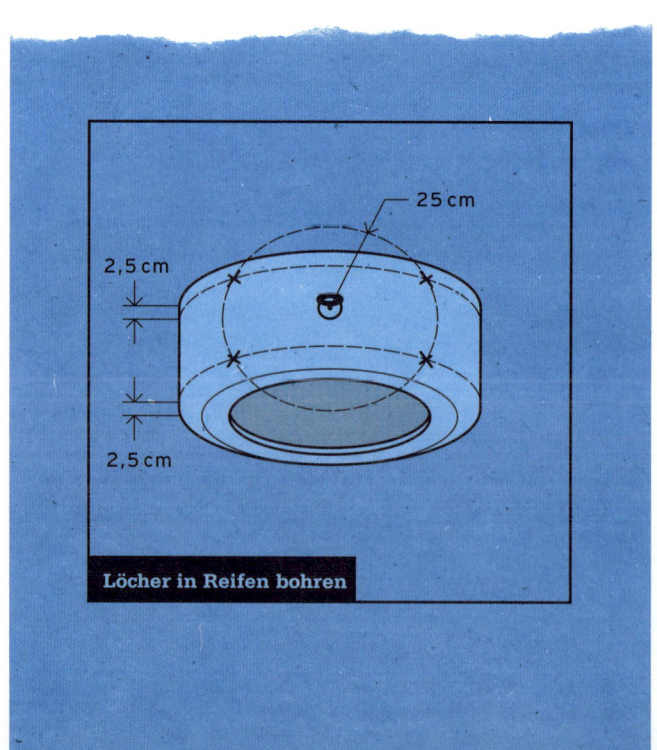

Löcher in Reifen bohren

SCHLEUDER

Eine zuverlässige Schleuder kann sehr praktisch sein. Muss Ihr Sohn seiner Freundin ein Stückchen Rinde ans Fenster schnipsen, um ein heimliches Stelldichein zu signalisieren? Geht es darum, Blechdosen von einem Zaun zu schießen oder am Teich Steinchen flitzen zu lassen? Verraten Sie das nicht Ihren Kindern, aber ich habe meinem Bruder immer Kieselsteinchen in den Rücken gepfeffert, um dann »Aua, Biiienen!« zu schreien, wegzulaufen und so zu tun, als wäre ich auch gerade gestochen worden. Ob die Schleuder Ihre Kinder in Schwierigkeiten bringt oder sie davor bewahrt, ist ihre Sache, aber es macht immer Spaß, eine zur Hand zu haben.

SCHWIERIGKEITSGRAD:
anspruchsvoll

ZEITAUFWAND:
ein Nachmittag

MATERIAL:

1 frisch geschnittene Astgabel (ideal wäre ein Griff, der 1,5 bis 2,5 cm dick und 17 bis 18 cm lang ist; Arme 1,5 bis 2 cm dick, 10 bis 17 cm lang und 10 bis 17 cm auseinander)

60 cm Latexschlauch, 11 mm Außen- und 7 mm Innendurchmesser (erhältlich bei Geschäften für Laborausstattung, z. B. www.labmarket.com oder www.struba.ch)

PE-Schlauchmaterial, 7 mm Durchmesser, 30 cm lang

1 Arbeitshandschuh mit Wildlederinnenfläche

BEFESTIGUNGSMATERIAL:

Nylonfaden gedreht, 1,5 mm Durchmesser, 4,8 m lang

1 Rolle Sporttape

Alleskleber (z. B. Uhu Kraft)

WERKZEUGE:

Schleifpapier, 60er-Körnung

Taschenmesser

ANLEITUNG:

1 Entfernen Sie alle Knoten und Unebenheiten von Ihrer Astgabel und glätten Sie sie. Schleifen Sie auch alle Schnittkanten und runden Sie sie ab.

2 Schneiden Sie den Operationsschlauch in zwei 30 cm lange Stücke.

3 Schneiden Sie zwei 7,5-cm-Stücke vom PE-Schlauch ab.

4 Führen Sie jeweils ein 7,5 cm Stück PE-Schlauch in eines der Enden des Operationsschlauchs, bis die Enden bündig sind.

5 Schneiden Sie ein 5 × 10 cm großes Stück aus der Innenfläche des Wildlederhandschuhs und runden Sie die beiden Längsseiten ab, bis es stumpf eiförmig ist. Es sollte 10 cm lang und in der Mitte 5 cm breit, an den beiden Enden aber nur 2,5 cm breit sein.

6 Machen Sie knapp 1,3 cm vor den Enden des Lederstücks je einen gut 1 cm langen Schnitt. Die Einschnitte sollten sich auf der imaginären Mittellinie befinden. Siehe Abbildung **a**.

7 Schieben Sie 5 cm des Operationsschlauchs durch die Schlitze; nehmen Sie dazu die Enden ohne PE-Schlauch. Schieben Sie von der glatten zur rauen Seite. Wir verwenden die raue Seite des Wildleders, um die Geschosse besser greifen zu können.

8 Knicken Sie den Operationsschlauch um und zwicken Sie das Wildleder in der Falte ein. Schneiden Sie ein 45 cm langes Stück Nylonschnur ab und wickeln Sie die beiden Schlauchstücke fest zusammmen (Siehe **Umwicklung, Schritt 1–4)**. Machen Sie dasselbe auf der anderen Seite.

9 Schneiden Sie ein 20 cm langes Stück Sporttape ab und reißen Sie es der Länge nach in zwei Streifen. Wickeln Sie den einen Streifen straff um eine der Umwicklungen. Machen Sie dasselbe mit dem anderen Stück Tape auf der anderen Seite.

10 Nehmen Sie den Stock und schneiden Sie mit dem Taschenmesser je eine 2 cm lange Kerbe in die Rückseite der Arme. Siehe Abbildung **b**. Die Rückseite ist die Seite der Schleuder, die von Ihnen weg weist, wenn Sie die Schleuder benützen.

11 Jetzt wird der Operationsschlauch – die Seite mit dem eingeführten PE – an den Armen der Gabel befestigt. Legen Sie etwa 5 cm Schlauch der Länge nach auf je eine der Armvorderseiten. Fixieren Sie den Schlauch nun auf jeder Seite mit etwas Sporttape.

12 Befestigen Sie den Schlauch nun mit einer Umwicklung am Arm. Führen Sie die erste Wicklung durch die Kerbe von Schritt 10 und achten Sie darauf, sehr straff zu wickeln. Dieser Schritt ist wichtig, damit eine starke Schleuder entsteht.

13 Geben Sie auf beiden Armen der Länge nach Kleber auf die Umwicklung und drücken Sie diesen in das Nylon. Siehe Abbildung **c**.

14 Wickeln Sie das Sporttape sehr straff um die Arme, bis die Umwicklung ganz damit bedeckt ist.

15 Nun testen Sie! Nehmen Sie eine Murmel und schießen Sie auf eine Dose. Wie das zischt! Da werden Erinnerungen wach, oder?

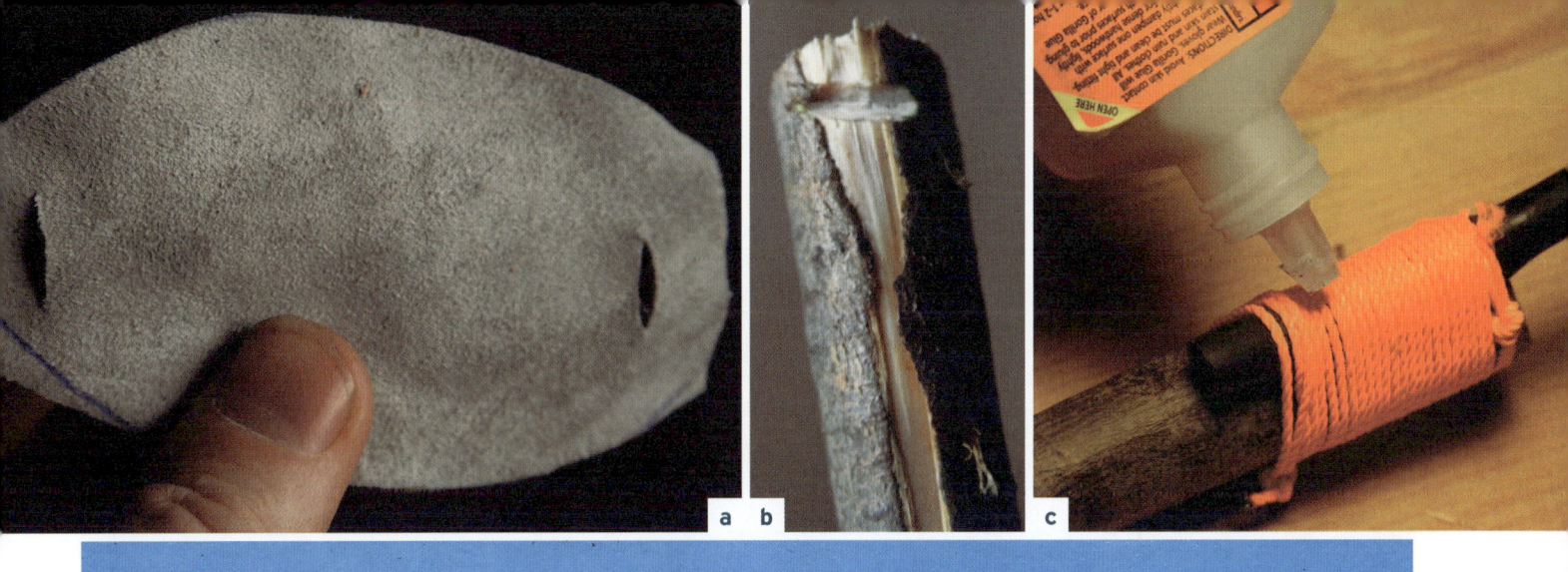

a b   c

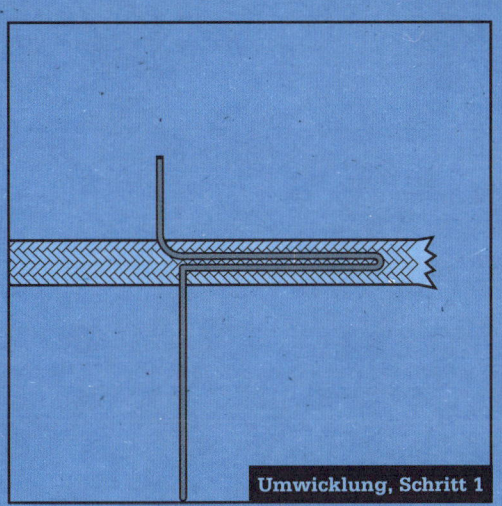

Umwicklung, Schritt 1

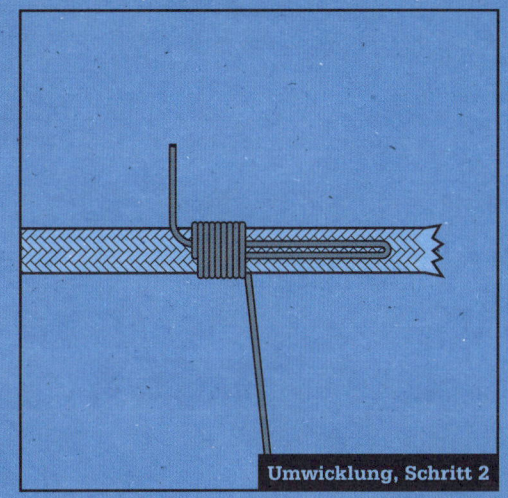

Umwicklung, Schritt 2

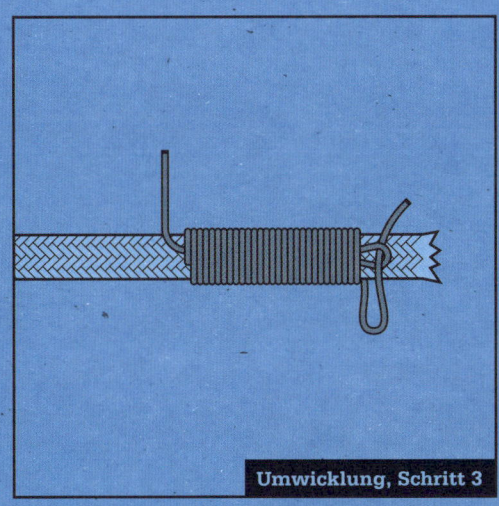

Umwicklung, Schritt 3

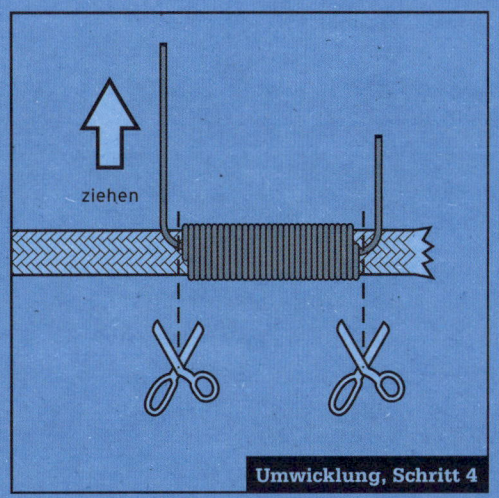

ziehen

Umwicklung, Schritt 4

WASSER-BOMBEN-WERFER

Wussten Sie, dass feige Überraschungsangriffe auf Baumhäuser oder Gartenstützpunkte im Sommer dramatisch zunehmen? Haben Ihre Kinder Sorge, dass ihre Gartenverstecke in Gefahr sind? In solchen Fällen empfehle ich verantwortungsbewussten Eltern, ihre Kinder mit wasserbombengestützten Verteidigungssystemen auszustatten wie dem hier beschriebenen Werfer. Teams aus drei Kindern können potenzielle Angreifer recht effektiv zurückschlagen. Und vielleicht ist auf der anderen Seite auch ein Doppelagent am Werk, der diese Pläne ihrem Nachbarn für dessen Kinder verrät. Dann können Sie auf der Veranda sitzen, Ihr Lieblingsgetränk schlürfen und zusehen, wie der Aufruhr losbricht. Vergessen Sie nicht, die Wasserbomben zu besorgen.

SCHWIERIGKEITSGRAD:
anspruchsvoll

ZEITAUFWAND:
ein Nachmittag

MATERIAL:

Latexschlauch, 11 bis 13 mm Durchmesser, 7 m lang (online bei www.labmarket.com oder www.struba.ch erhältlich)

Durchsichtiger PVC-Schlauch, 19 mm Durchmesser, 30 cm lang

Mehradriges Kabel, 5 mm Durchmesser, 60 cm lang

Mehradriges Kabel, 6 mm Durchmesser, 45 cm lang

1 Plastiktrichter, 15 cm Durchmesser

BEFESTIGUNGSMATERIAL:

1 Rolle starkes Klebeband

1 Rolle Sporttape

WERKZEUGE:

Schere

Bohrmaschine mit 5-mm- und 6-mm-Bohrern

HINWEIS:

Details zu den hier verwendeten Knoten finden Sie auf Seite 162.

1 Schneiden Sie den Operationsschlauch mit der Schere in zwei gleich grosse Teile.

2 Halbieren Sie den durchsichtigen PVC-Schlauch und schieben Sie durch jede Hälfte je einen Teil des Operationsschlauchs.

3 Verbinden Sie die Enden der Operationsschläuche mit einem Kreuzknoten zu einer geschlossenen Schlaufe. Lassen Sie nach den Knoten etwa 7,5 cm überstehen.

4 Mit dem Sporttape befestigen Sie die Enden beidseits des Knotens am Schlauch. Dann umwickeln Sie den Knoten von Endstück zu Endstück mit Tape und formen so den Griff. Machen Sie das mit dem anderen Operationsschlauch genauso. Sie sollten jetzt zwei Schlauchschlaufen haben, jede mit Griff und einem Abschnitt mit durchsichtigem Schlauch. Siehe Abbildung **a**.

5 Etwa 1,3 cm unter dem offenen Trichterrand bohren Sie mit dem 5-mm-Bohrer zwei Löcher im Abstand von 2,5 cm. Auf der gegenüberliegenden Seite des Trichters bohren Sie an der gleichen Position ebenfalls zwei Löcher. Siehe Abbildung **b**.

6 Halbieren Sie das 5-mm-Kabel und fädeln je eine der Hälften so durch eines der Lochpaare in den Trichterseiten, dass die Kabelenden nach außen weisen. Siehe Abbildung **c**.

7 Befestigen Sie den Trichter nun mit dem Kabel mittig am PVC-Abschnitt einer der großen Schlaufen. Machen Sie einen Kreuzknoten in das Kabel, so dass sich ein Ring mit 5 cm Durchmesser ergibt. Wickeln Sie die Enden des Knotens um den Ring. Machen Sie das mit der zweiten Schlaufe auf der anderen Trichterseite ebenso. Siehe Abbildung **d**.

8 Reißen Sie ein 20 cm langes Stück Klebeband längs entzwei und wickeln Sie je eine Hälfte um die Kabelwindungen. Um das Kabel zu fixieren und zu verstärken, packen Sie das Band richtig fest zu einem dicken, massiven Ring. Auf der anderen Seite machen Sie es ebenso.

9 Nehmen Sie den Griff der großen Schlinge und positionieren Sie ihn genau gegenüber dem durchsichtigen PVC-Schlauch. Der Kabelring muss genau in der Mitte des PVC-Schlauchs sitzen. Wenn alles stimmt, zwicken Sie den PVC-Schlauch in der Mitte zusammen, so dass der Kabelring in der Falte liegt. Sichern Sie das PVC mit Sporttape. Siehe Abbildungen **e** und **f**.

10 Umwickeln Sie die PVC-Kabel-Verbindung sehr straff mit Sporttape. Umwickeln Sie das Klebeband vollständig und auch das PVC bis auf etwa 3 mm vor dessen Ende. Siehe Abbildung **g**. Wiederholen Sie die Arbeitsschritte 9 und 10 auf der anderen Trichterseite.

11 Durchbohren Sie beide Seiten des Trichterhalses etwa 25 mm über der Spitze mit dem 6-mm-Bohrer. Denken Sie sich dabei eine Linie, die die Löcher am Trichterrand verbindet und bohren Sie dieses Loch senkrecht dazu. Siehe Abbildung **h**.

12 Führen Sie das 6 mm dicke Kabel durch die beiden 6-mm-Löcher und formen Sie einen Ring von etwa 9 cm Durchmesser, machen Sie aber keinen Knoten. Wickeln Sie es etwas über die überlappenden Teile des Rings hinaus straff mit Sporttape ein. Siehe Abbildung **i**.

13 Nehmen Sie nun ein paar Wasserbomben und bilden Sie aus den Kindern ein Dreier-Team. Sie brauchen zwei Kinder für die Griffe (ein Kind pro Griff) und eines, um die »Bomben« abzuschießen. Die Kinder an den Griffen sollen ihre Arme längs der Flugrichtung der Bomben strecken und sich steif machen. Das dritte Kind lädt den Trichter, zieht fest an, zielt und feuert.

Bitte schön! Für die Verteidigung ist gesorgt. Und nun auf ins Gefecht!

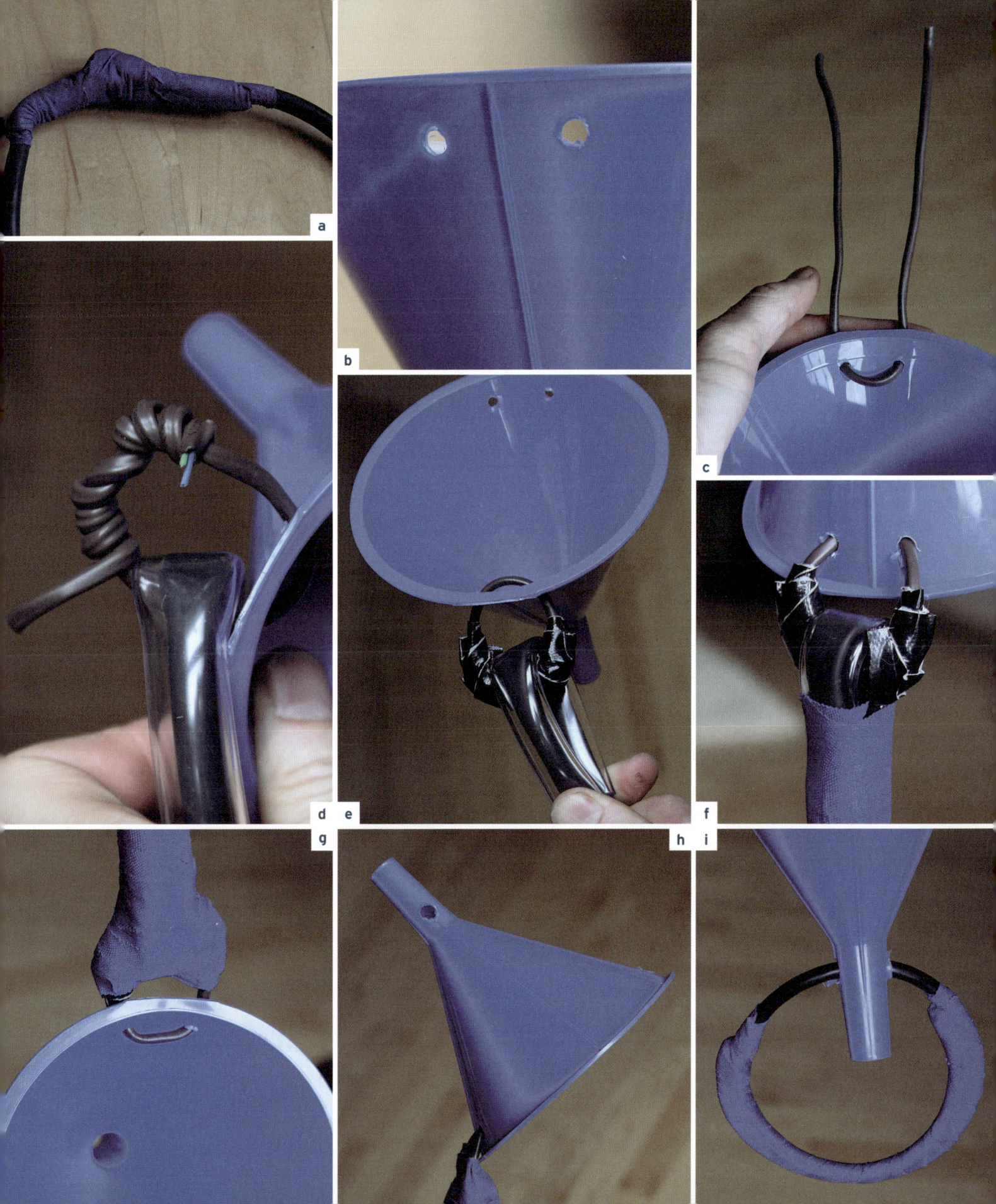

VOGELHÄUSCHEN

Jeder schätzt unterwegs ein gutes Restaurant. Tun wir unseren gefiederten Freunden auf ihrem Weg nach Süden doch denselben Gefallen. Dieses Vogelhäuschen passt überall hin. Es bietet eine Menge Platz für Samen und Körner, sodass man nicht oft nachfüllen muss. Unbehandeltes Kiefern- oder Lärchenholz dunkelt mit der Zeit wunderschön nach und hält viele Jahre. Ich habe ein Häuschen mit Schrägdach gebaut, damit der Regen abläuft und die Samen geschützt sind. Außerdem verhindert dies, dass die Vögel darauf landen und das Futter verunreinigen. Da es an nur einem Haken befestigt ist, ist es leicht wegzunehmen und aufzufüllen. Außerdem sorgt es dafür, dass pfiffige Eichhörnchen nicht so einfach hochklettern und sich selbst bedienen können. Im »Vogel-Reiseführer« würde dieser Futterplatz fünf Sterne bekommen.

SCHWIERIGKEITSGRAD:
anspruchsvoll

ZEITAUFWAND:
ein Nachmittag

MATERIAL:

2 Bretter aus unbehandeltem Kiefern- oder Lärchenholz, 185×20 cm, 2,5 cm dick (an allen Seiten angeschliffen)

Holzdübel, 6×150 mm

BEFESTIGUNGSMATERIAL:

21 Holzschrauben, 50 mm

2 Holzschrauben, 32 mm

1 Holzschraube, 75 mm

WERKZEUGE:

Kreissäge

Bohrmaschine mit 6-mm- und 25-mm-Spatenbohrer

Teppichmesser

Bleistift

Holzleim

UND ...

5 kg hochwertiges Vogelfutter

HINWEIS:

Aus den zwei Brettern schneiden wir 9 Stücke fast ohne Verschnitt; messen und schneiden Sie also mit Bedacht! Sehen Sie sich die Abbildungen genau an, um zu wissen, wie Sie schneiden sollen. Siehe **Vogelhäuschen Schnittvorlage** auf Seite 57.

ANLEITUNG:

1 Messen Sie 8 cm vom Ende des einen Bretts, stellen Sie die Gehrung Ihrer Handkreissäge auf 45 Grad und machen Sie einen schrägen Schnitt wie in Abbildung **a** gezeigt. Beschriften Sie dieses Stück als **Innenrampe.**

2 Drehen Sie das Brett um und messen Sie 32 cm von der Spitze der Schräge ab. Setzen Sie die Gehrung wieder auf 0 Grad, und machen Sie einen geraden Schnitt. Beschriften Sie dieses Teil auf der längeren Seite mit **Vorderwand;** nach der Montage ist diese Seite innen.

3 Messen Sie 55 cm ab und machen Sie einen weiteren Schnitt. Beschriften Sie dieses Teil als **Dach.**

4 Jetzt sollte noch ein Brett von gut 70 cm Länge übrig sein. Stellen Sie die Gehrung auf 20 Grad und kanten Sie ein Ende des Bretts mit möglichst wenig Längenverlust ab. Beschriften Sie die etwas längere Seite mit **Rückwand;** nach der Montage wird sie im Häuschen nach innen zu liegen kommen.

5 Drehen Sie die **Rückwand** um, sodass Sie nun auf die spätere Außenseite schauen. Von der nicht abgeschrägten Kante ziehen Sie eine etwa 10 cm lange Linie der Brettmitte entlang. Machen Sie nach 7,5 cm und nach 9 cm eine Markierung.

6 Nun wird gebohrt. Legen Sie das Brett auf ein Stück Abfallholz, damit beim Bohren nichts absplittert. Machen Sie an der 7,5 cm-Markierung ein Loch von 6 mm und mit dem Spatenbohrer an der 9 cm-Markierung ein Loch von 2,5 cm. Die beiden Löcher überlappen sich und ergeben die Form eines Schlüssellochs. Es dient zum Aufhängen des Häuschens.

7 Nehmen Sie das zweite Brett, schneiden Sie ein Stück von 6,5 cm ab, und beschriften Sie es als **innerer Dachanschlag.** Schneiden Sie ein Stück von 9,5 cm ab, dies ist die **untere Vorderwand.** Nun schneiden Sie für den Boden ein Stück von 15 cm ab. Halbieren Sie den Rest – Sie sollten zwei Teile von jeweils ungefähr 75 cm erhalten. Aus diesen Stücken werden die Seitenwände geschnitten.

8 Vergrößern Sie die **Seitenschablone für Vogelhäuschen** von Seite 57 auf das Fünffache und schneiden Sie sie mit Teppichmesser und Lineal aus. Mit einem Bleistift übertragen Sie die Schablone auf die zwei verbliebenen Holzstücke und schneiden die **Seitenwände** aus. Sie sollten jetzt alle Teile wie auf der Abbildung **b** haben.

9 Nun folgt die Montage. Legen Sie die **Rückwand** mit der Innenseite nach oben auf Ihre Arbeitsplatte. Legen Sie die **Seitenwände** so hin, dass ihre Spitzen auf der Seite des Häuschens mit dem Schlüsselloch sind. Die Seitenwände müssen bündig mit der Außenkante der Rückwand sein. Befestigen Sie nun die Seitenwände mit drei 50-mm-Holzschrauben pro Seite an der Innenseite.

10 Befestigen Sie den **Boden** mit zwei 50-mm-Schrauben pro Seite an den Unterseiten der **Seitenwände.** Siehe Abbildung **c.**

11 Mit zwei 50-mm-Schrauben pro Seite befestigen Sie die untere Vorderseite an den unteren, nach vorne weisenden Teilen der **Seitenwände.**

12 Reduzieren Sie die Breite des als **Innenrampe** bezeichneten Holzstücks von 20 auf 15 cm, sodass sie nun 15 × 18 cm misst. Schieben Sie es in den unteren Teil des Häuschens, bis die 45-Grad-Kante flach an der Rückwand anliegt. Befestigen Sie sie mit zwei 50-mm-Holzschrauben an der Rückwand. Siehe Abbildung **d.**

13 Das als **Vorderseite** bezeichnete Stück bildet die vordere Blende des Häuschens über der Futterstelle. Legen Sie sie auf die Kanten der **Seitenwände,** mit der abgeschrägten Seite nach oben. Diese sollte mit den Oberkanten der Seitenwände abschließen. Achten Sie darauf, dass alles

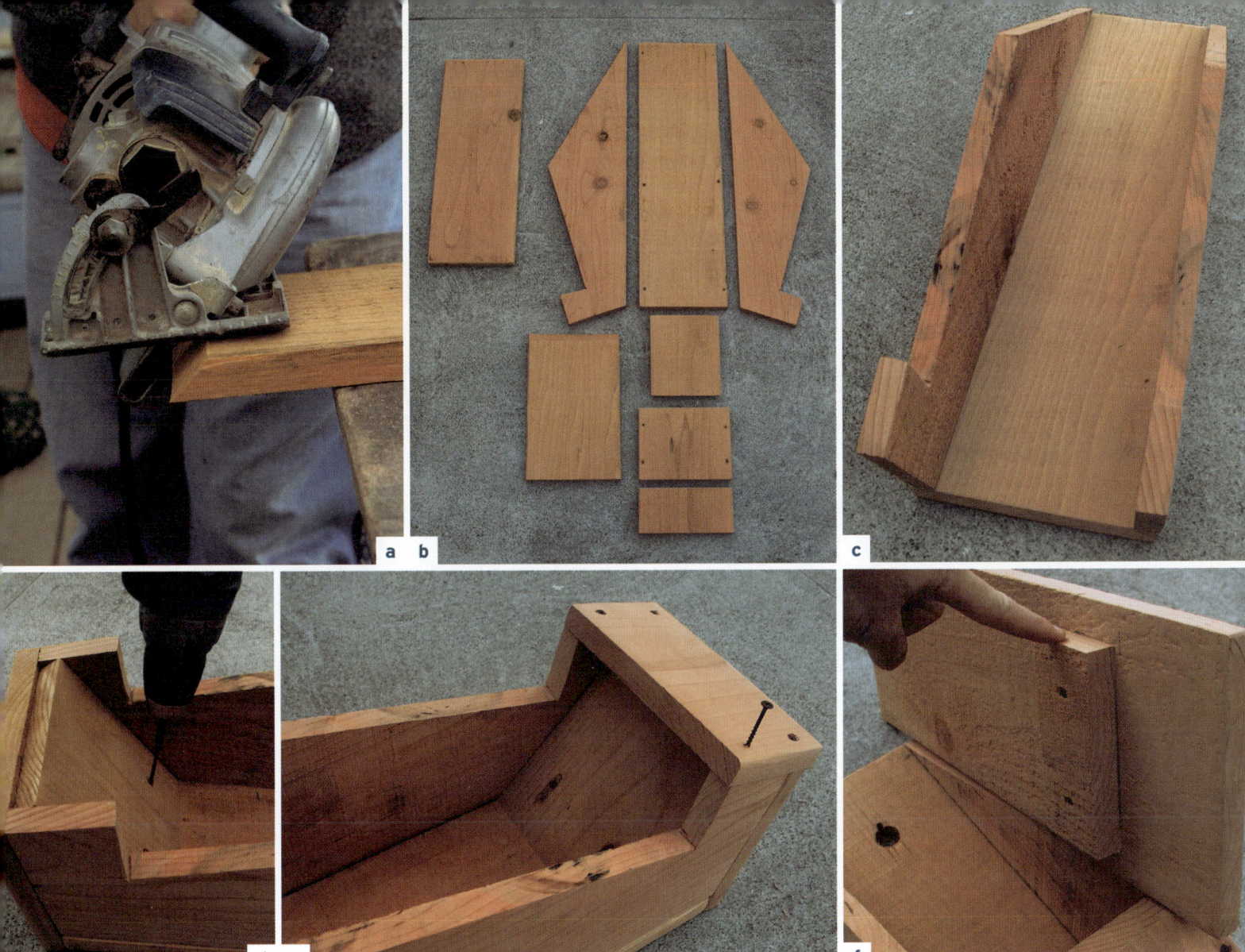

sauber ausgerichtet ist und befestigen Sie das Stück mit zwei 50-mm-Holzschrauben an den Seitenwänden. Siehe Abbildung **e**.

14 Schneiden Sie das als innerer **Dachanschlag** bezeichnete Stück und schneiden Sie es von 20 cm auf 15 cm Länge zurück.

15 Der **Dachanschlag** hindert das Dach am Rutschen. Um ihn zu montieren, legen Sie das Vogelhäuschen auf einer ebenen Oberfläche auf den Rücken. Legen Sie das **Dach** seitlich bündig auf die obere Öffnung des Häuschens und lassen Sie es nach hinten rutschen, bis es die Arbeitsfläche berührt. Ohne das Dach nach oben oder unten zu verrutschen, schieben Sie es seitwärts, bis die Öffnung des Vogelhäuschens zu sehen ist. Markieren Sie die Stelle an der Seite des Dachs, wo es die obere Innenkante der **Vorderwand** berührt. Übertragen Sie diese Line auf die Innenseite des **Dachs.** Montieren Sie den **inneren Dachanschlag** an dieser Linie anliegend mit den 32-mm-Schrauben. Er sollte der Breite nach zentriert sein. Nach der Montage befindet er sich im Inneren des Häuschens. Siehe Abbildung **f.**

16 Befestigen Sie die obere linke Ecke der Dachplatte mit einer 50-mm-Schraube. Zum Nachfüllen wird sie herausgeschraubt.

17 Nun legen Sie das Vogelhäuschen wieder auf den Rücken und bohren Sie ein 6 mm großes Loch in die **untere Vorderwand** und die **Innenrampe,** aber nicht durch die Rückwand. Dieses Loch muss senkrecht zur Rückseite des Häuschens sein, damit die Landestange parallel zum Boden ist, wenn das Häuschen aufgestellt wird. Siehe Abbildung **g.**

18 Geben Sie etwas Holzleim in das Loch und führen Sie den 6-mm-Holzdübel ein.

19 Wählen Sie für die Montage des Häuschens eine stabile, von Ihrem Fenster aus gut einsehbare Stelle, schrauben Sie dort die 75-mm-Holzschraube ein und hängen Sie das Häuschen auf. Befüllen Sie es mit Hirse oder anderem Vogelfutter.

Und nun beobachten Sie die Vögel, wie sie ihr neues Szenelokal auf kürzestem Weg ansteuern.

g

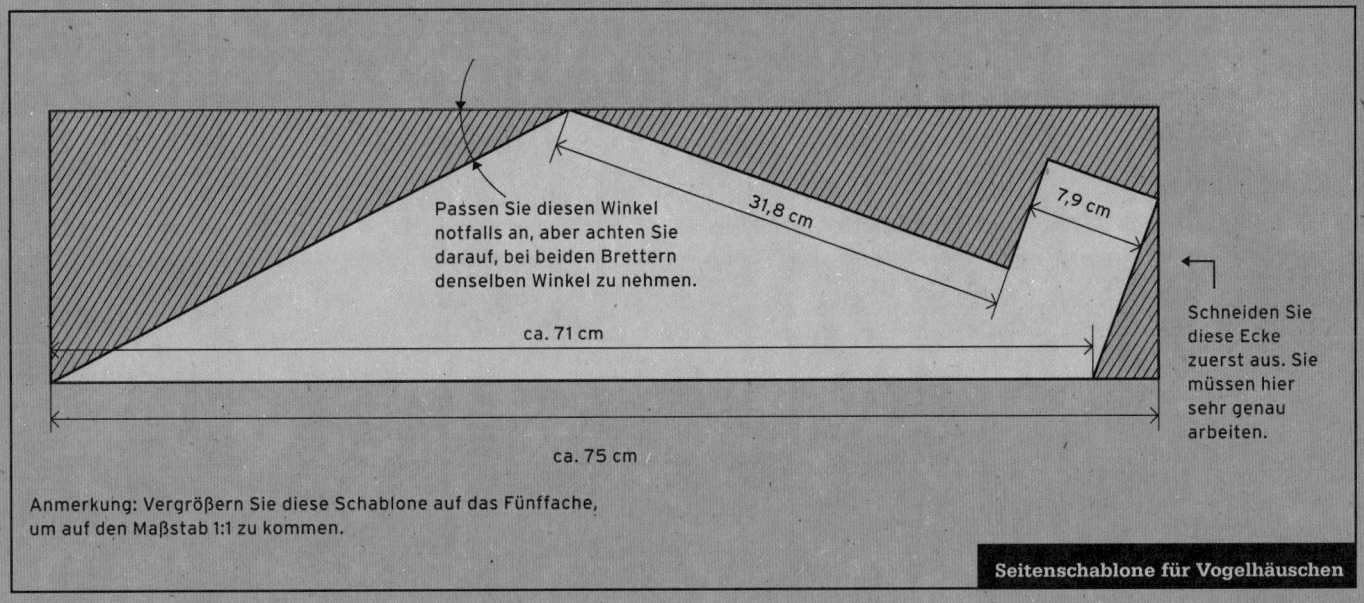

Passen Sie diesen Winkel
notfalls an, aber achten Sie
darauf, bei beiden Brettern
denselben Winkel zu nehmen.

31,8 cm

7,9 cm

ca. 71 cm

Schneiden Sie
diese Ecke
zuerst aus. Sie
müssen hier
sehr genau
arbeiten.

ca. 75 cm

Anmerkung: Vergrößern Sie diese Schablone auf das Fünffache,
um auf den Maßstab 1:1 zu kommen.

Seitenschablone für Vogelhäuschen

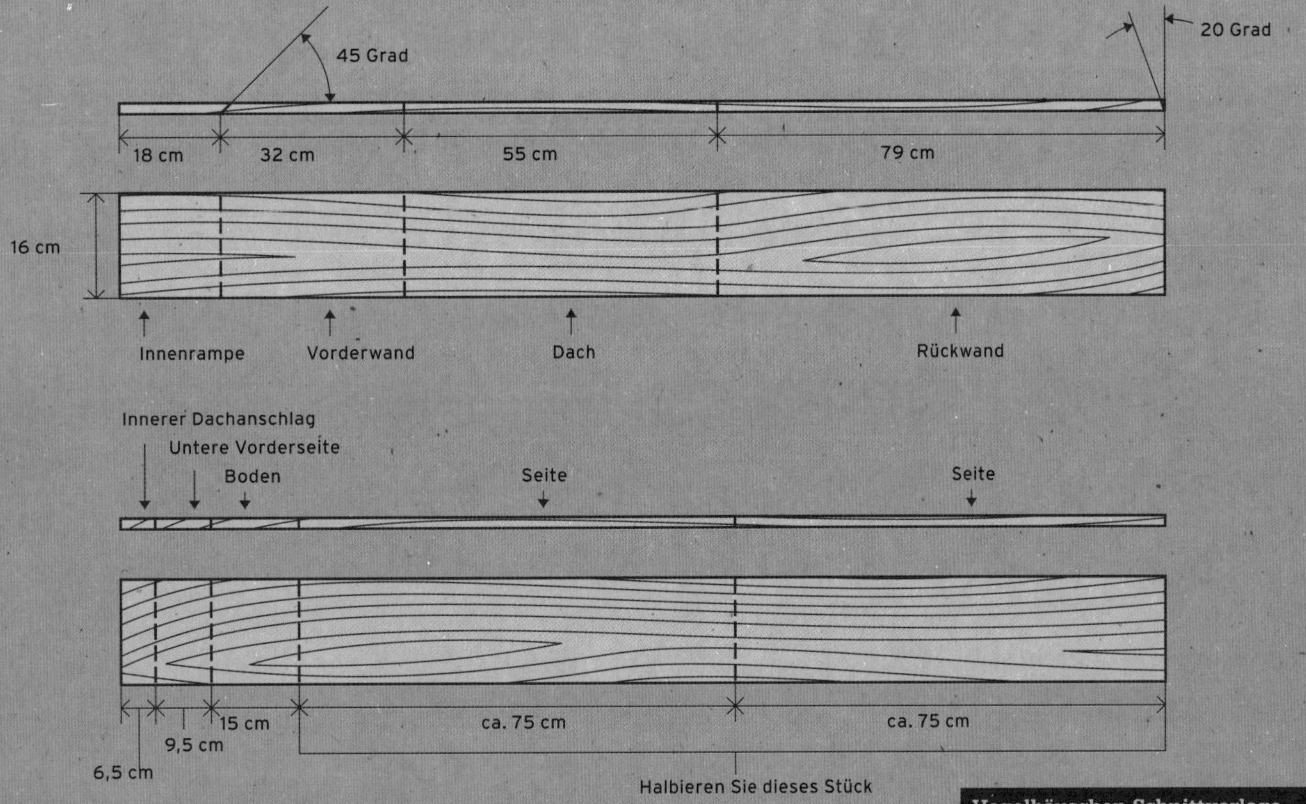

45 Grad

20 Grad

18 cm   32 cm   55 cm   79 cm

16 cm

↑ Innenrampe   ↑ Vorderwand   ↑ Dach   ↑ Rückwand

Innerer Dachanschlag
Untere Vorderseite
Boden   Seite   Seite

6,5 cm
9,5 cm
15 cm   ca. 75 cm   ca. 75 cm

Halbieren Sie dieses Stück

Vogelhäuschen Schnittvorlage

SANDKERZEN

Kerzen sind immer schön. Sie riechen gut, schaffen eine angenehme Atmosphäre und sind unter Kindern ein beliebtes Geschenk. Es gibt unzählige Möglichkeiten, Kerzen selbst zu machen: Sie können verschiedenfarbiges Wachs nehmen, Farben oder Muster kombinieren und Düfte, Glitzer oder sonst etwas hinzufügen. Wie wär's für eine originelle Variante einmal mit ein paar ausländischen Münzen als Dekoration? Wer weiß, vielleicht bringt es Glück, wenn man sie anzündet.

SCHWIERIGKEITSGRAD:
anspruchsvoll

ZEITAUFWAND:
ein Nachmittag

MATERIAL:

Sauberer Sand (genug, um einen 20-Liter-Eimer zu füllen)

3 Blöcke Bienenwachs oder Kerzenduftwachs

3 Kerzendochte

OPTIONAL:

Ammonit oder Amethyst in verschiedenen Größen

Glitzer

Kerzenöle, für Düfte nach Wunsch

WERKZEUGE:

3 große Schalen (jede ca. 3 Liter Inhalt)

Campingkocher

2 Aluschalen, ca. 23 cm Durchmesser

Feuchtes Handtuch, um fliegende Funken oder Flammen zu ersticken

1 mittelgroßer Topf mit Griff und Ausguss (Sie können auch selbst eine Kerbe in einen alten Topf machen)

Tasse, Becher und/oder Schnapsglas als Muster für die Gussform

10 Fleischspießchen aus Holz

Metalllöffel

ANLEITUNG:

1 Füllen Sie die drei großen Schalen jeweils zu drei Viertel mit feuchtem Sand. Das ist der Grundstock der Gussform.

2 Um zu prüfen, ob der Sand feucht genug ist, um eine Form zu bewahren, drücken Sie Ihre Faust in den Sand und ziehen Sie sie langsam zurück. Wenn der Abdruck der Faust bleibt, ist der Sand richtig. Wenn nicht, mischen Sie etwas Wasser (ungefähr eine Tasse) unter den Sand, bis er die Form hält. Je trockener der Sand, desto dicker wird die Sandschicht außen auf der Kerze – Sie können das nach Belieben wählen.

3 Nun stellen wir den Brenner des Campingkochers in eine Aluschale, um die Arbeitsfläche vor der Hitze zu schützen. Siehe Abbildung **a**. Zünden Sie den Kocher an und stellen Sie ihn auf mittlere Hitze. Halten Sie das feuchte Handtuch bereit.

4 Geben Sie ein Stück Wachs in den Topf auf dem Kocher (Menge je nach Größe und Anzahl der zu gießenden Kerzen). Siehe Abbildung **b**.

5 Während das Wachs schmilzt, machen wir unsere erste Form: Wir drücken dazu Tasse, Becher oder Schnapsglas oder was immer als Form dienen soll, 5 bis 10 cm tief in den Sand, je nachdem wie lang der Docht ist. Siehe Abbildung **c**. Der Docht sollte aber mindestens 1,3 cm über die Oberfläche herausstehen. Dann wird die Form wieder herausgezogen, siehe Abbildung **d**.

6 Brechen Sie die Holzspießchen in zwei Hälften und halten Sie sie griffbereit, um den Docht beim Eingießen des Wachses zu stützen.

7 Besonders cool sind Kerzen mit Ammoniton oder Amethysten. Diese werden mit den Kristallen zur Mitte der Schale hin in den Sand gesteckt. Falls eine Seite der Druse breiter ist, sollte diese aus Gründen der Stabilität unten liegen. Drücken Sie den Becher oder eine andere Hohlform gleich daneben in den Sand. Siehe Abbildung **e**. Becher und Druse sollten gleich tief sitzen; die Druse sollte zur Hälfte bis zu zwei Dritteln herausstehen. Dann den Becher vorsichtig herausziehen. Siehe Abbildung **f**.

8 Experimentieren Sie mit den Gussformen. Hier habe ich eine runde Form drei Mal verwendet und Glimmer dazugetan. Siehe Abbildung **g**.

9 Vor dem Gießen prüfen Sie, ob das Wachs reicht, um alle Formen halb zu füllen. Wenn nicht, geben Sie etwas Wachs nach. (Vor dem Gießen falls gewünscht noch ein Duftöl dazugeben.) Nun gießen Sie das Wachs langsam über den Metalllöffel in die vorbereitete Form, dabei halten Sie Löffel und Topfausguss möglichst nahe über die Hohlform, um zu verhindern, dass das geschmolzene Wachs die Sandwände beschädigt. Gießen Sie die Formen halb aus. Siehe Abbildung **h**.

10 Platzieren Sie einen Docht ungefähr in der Mitte der Kerze, und stützen Sie die Dochtspitze mit den halbierten, über den Sand gelegten Spießchen (eventuell zwei Spießchen über Kreuz legen). Siehe Abbildung **i**.

11 .Schmelzen Sie ein weiteres Stück Wachs (genug, um alle Formen zu füllen) und lassen Sie es vor dem Gießen ein paar Minuten abkühlen, sodass das Wachs, das in den Formen bereits ausgehärtet ist, nicht wieder schmilzt. Füllen Sie wiederum mit Hilfe des Metalllöffels alle Formen auf.

12 Schmelzen Sie nun ein weiteres kleines Stück Wachs. Beim Festwerden setzt sich das Wachs in den Formen etwas ab (siehe Abbildung **j**). Dies gleicht man mit der letzten Portion Wachs aus, damit die Kerzen oben ganz glatt sind.

a

b

c

d

e

f

g

h

i

j

⓭ Nach etwa 30 Minuten sind die Kerzen so weit abgekühlt, dass man sie aus dem Sand nehmen kann. Überschüssigen Sand abwischen.

⓮ Bei Kerzen mit nicht ganz flachem Boden erhitzen Sie den Topf nochmals, setzen die Kerze hinein und schmelzen den Boden flach.

⓯ Zum Abschluss bricht man alle unebenen Stellen an den oberen Kanten ab und wäscht die Kerzen mit Wasser ab, um restlichen Sand zu entfernen.

ENGELSFLÜGEL

Wer wollte nicht mit diesen anmutigen Flügeln durch seine Träume fliegen? Ob für Engel, Adler, Feenprinzessin oder Pegasus, nichts ist schöner, als sich mit Zauberflügeln aus Pelz und Federn durch die Nacht zu schwingen.

Und es ist tatsächlich so, dass man mit solchen Flügeln an die geheimnisvollsten Orte kommt …

Eine Anmerkung zur Farbwahl: Zu Engels- und Pegasus-flügeln (wie in der folgenden Anleitung) passt Weiß, für Adlerfedern Braun, und für das Outfit einer Feenprinzes-sin ist Rosa die Farbe der Wahl. Aber selbstverständlich können Sie die Farben auch mischen und Ihrer Fantasie freien Lauf lassen.

SCHWIERIGKEITSGRAD:
anspruchsvoll

ZEITAUFWAND:
ein Nachmittag

MATERIAL:

1 Schalldämmplatte, 120×240 cm, 2 cm dick

1 Holzfaserplatte, 120×240 cm, 6 mm dick

Dicker, sehr flauschiger Kunstpelz, weiß, 1,8 m

Dünner, leicht flauschiger Kunstpelz, weiß, 0,9 m

125 gebleichte Truthahn- oder Gänsefedern, weiß oder jede andere gewünschte Farbe

BEFESTIGUNGSMATERIAL:

4 Maschinenschrauben und Muttern, M3×25 mm

starke Heftklammern, 13 mm

WERKZEUGE:

Schwarzer Permanentmarker

Stichsäge mit Universalblatt

Weiße Sprühfarbe

Bohrmaschine mit 3-mm-Bohrer

Hochleistungstacker, der 13-mm-Klammern verarbeiten kann

1 Machen Sie gemäß dem Schema für die **Außenflügel** auf Seite 66 eine Schablone. Vergrößern Sie dazu das Schema auf das Achtfache; die Seitenlänge der Schablone beträgt dann 120 cm.

2 Legen Sie die Schablone auf die Schalldämmplatte und zeichnen Sie die Kontur der Schablone mit dem Marker auf die Schalldämmplatte.

3 Schneiden Sie den Flügel mit der Stichsäge aus (siehe Abbildung **a**) und kennzeichnen Sie ihn mit **außen rechts.**

4 Legen Sie den Flügel nun umgekehrt auf die verbleibende Fläche der Schalldämmplatte und ziehen Sie die Kontur wiederum mit dem Marker nach, sodass zwei spiegelbildliche Flügel entstehen.

5 Schneiden Sie den zweiten Flügel ebenfalls der Kontur entlang mit der Stichsäge aus und kennzeichnen Sie ihn mit **außen links.**

6 Legen Sie die Flügel als rechten und linken Flügel hin und besprühen Sie die »Finger« auf der Vorderseite mit Farbe.

7 Nun wiederholen Sie die Arbeitsschritte 1 bis 5 mit dem Schema für den Innenflügel, nehmen diesmal aber die Holzfaserplatte und kennzeichnen die Flügel mit **innen rechts** und **innen links.**

8 Legen Sie nun den linken und rechten Innenflügel auf die entsprechenden Außenflügel. Siehe Abbildung **b**.

9 Bohren Sie durch den rechten Flügelsatz zwei 3-mm-Löcher komplett durch (mit Abfallholz unterlegen, damit Sie kein Loch in die Arbeitsfläche bohren). Lassen Sie genug Platz zwischen den Löchern, aber auch zum Rand der Innenflügel. Siehe Abbildung **c**. Wiederholen Sie das beim linken Flügelsatz.

10 Nun legen Sie die Außenflügel so auf den dicken Kunstpelz, dass Sie ein rechtes und ein linkes Teil erhalten (das heißt, sie sollten in entgegengesetzte Richtungen weisen). Verstanden? Nun markieren Sie die Kontur der beiden Außenflügel, bei den Fingern mit einer durchgezogenen Linie, an den anderen Kanten nur gestrichelt. Schneiden Sie den Stoff der durchgezogenen Linie folgend aus, bei der gestrichelten Linie aber lassen Sie 5 cm Rand. Dort wird der Stoff später über den Außenflügel gezogen und festgetackert.

11 Tackern Sie an jeden Finger etwas versetzt und mit passender Krümmung 5 bis 7 Federkiele. Jede Feder sollte etwa 1,3 cm über den Rand der Schalldämmplatte hinausstehen. Siehe Abbildung **d**.

12 Legen Sie den ausgeschnittenen dicken Kunstpelz auf die Seite der Außenflügel mit den Federn. Richten Sie den Stoff der Kontur entsprechend aus und tackern Sie ihn an der Wurzel jedes zweiten Fingers fest. Nun drehen Sie den Flügel um, ziehen Sie den 5 cm breiten Stoffrand straff, schlagen ihn zum Flügelrücken hin um und tackern ihn fest. Machen Sie dasselbe mit dem anderen Flügel.

13 Drehen Sie den Außenflügel wieder um, damit der Pelz oben ist, und schneiden Sie den über die gefiederten Finger hinausstehenden Pelz ab. Man soll vor allem die Federn sehen, der Stoff soll aber die Kiele verdecken.

14 Legen Sie die Innenflügel, rechter und linker gegengleich, auf den dünnen Kunstpelz und zeichnen Sie im Abstand von etwa 5 cm die Kontur der Flügelkanten nach; ziehen Sie zusätzlich eine gestrichelte Linie direkt um die Holzfaserplatte, um die Teile später einfach zuordnen zu können.

15 Stecken Sie die Schrauben durch die Löcher in den Innenflügeln und schrauben Sie die Muttern auf; sie werden später an die entsprechenden Außenflügel

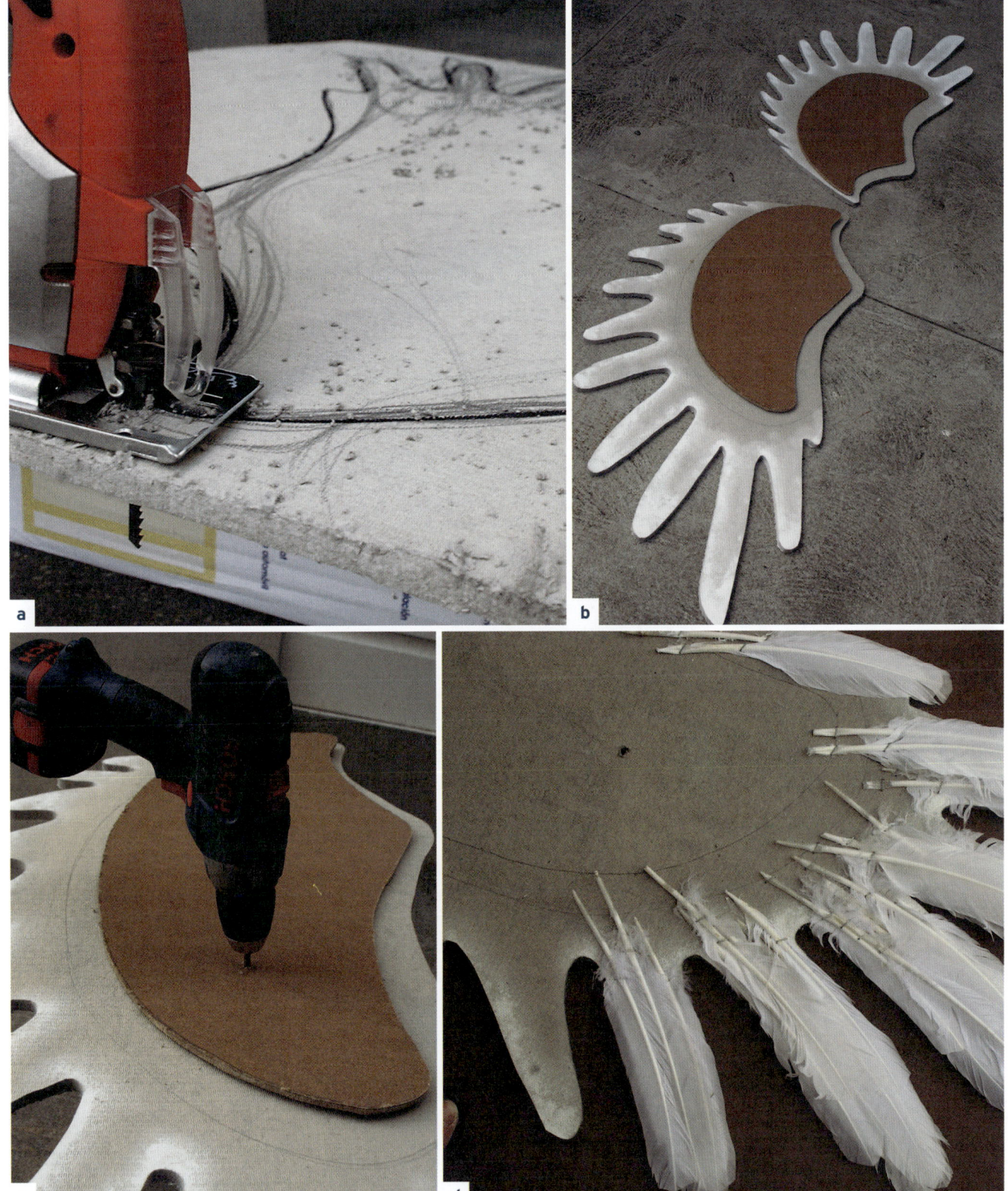

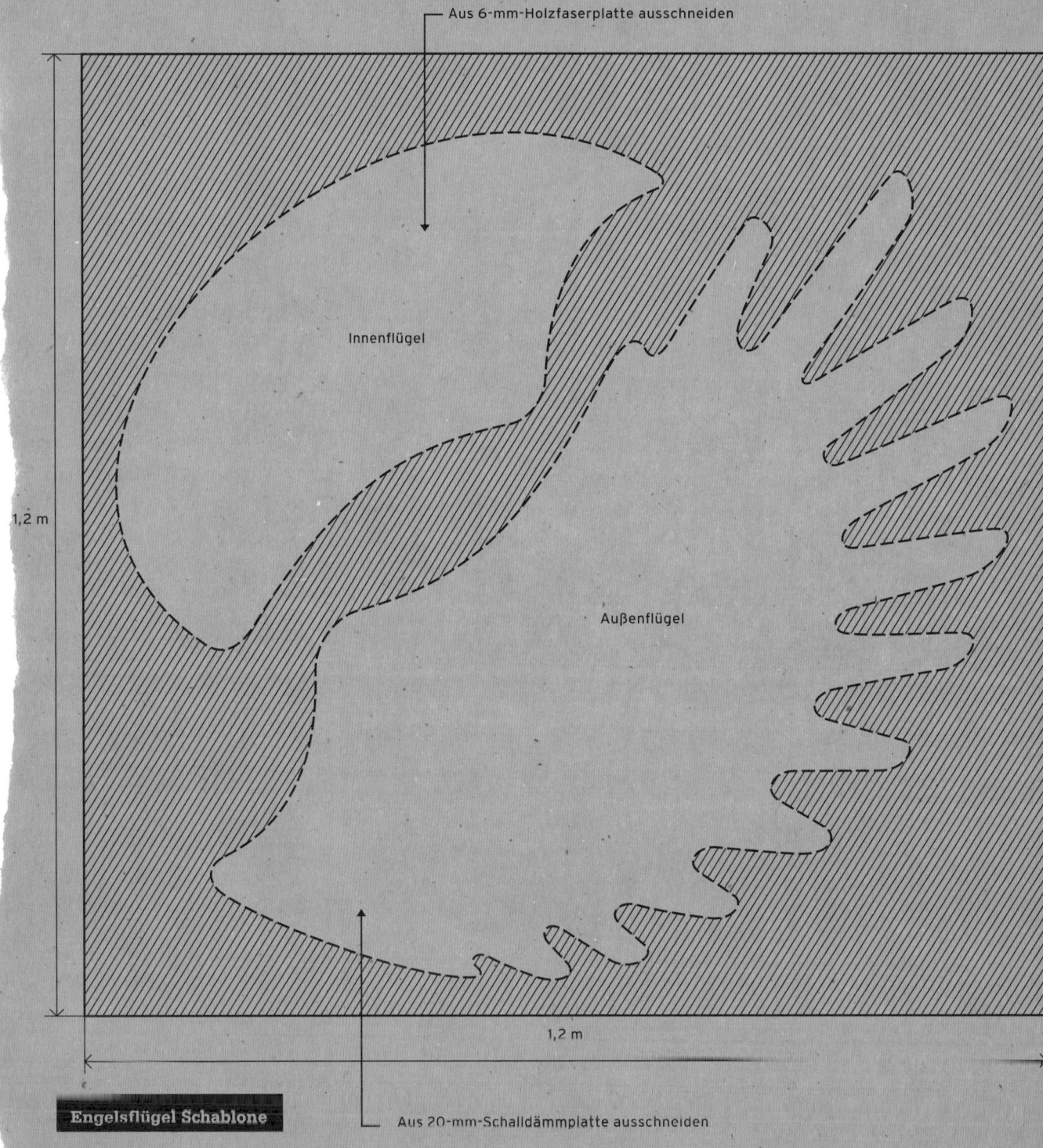

Aus 6-mm-Holzfaserplatte ausschneiden

Innenflügel

Außenflügel

1,2 m

1,2 m

Engelsflügel Schablone

Aus 20-mm-Schalldämmplatte ausschneiden

geschraubt. Nun richten Sie die Innenflügel an der gestrichelten Linie auf dem Kunstpelz aus, sodass der Stoff die Schraubenköpfe bedeckt. Schlagen Sie den überstehenden Stoff auf die Rückseite um und tackern Sie ihn fest, zuerst nur an 5 oder 6 Stellen, dann rundherum. Machen Sie das auch mit dem anderen Flügel.

16 Schrauben Sie die Muttern von den Innenflügeln wieder ab und richten Sie die Schrauben an den Löchern auf der Pelzseite der Außenflügel aus. Wenn es passt, drücken Sie die Schrauben durch den dicken Pelz und schrauben die Muttern wieder fest, um Innen- und Außenflügel zu verbinden.

17 Hängen Sie die Flügel wie zwei Bilder an die Wand, lassen Sie in der Mitte aber einen Abstand von etwa 7 cm.

Bereit zum Entschweben in die Traumwelt.

KLETTER-WAND

Wissen Sie, was wirklich Spaß macht? Bouldern. Die perfekte Route wählen und sich einen riesigen Felsen hochkämpfen befriedigt wie kaum etwas sonst. Das ist es auch, was ich am Zelten besonders liebe. Kurz nach dem Zeltaufbau werden Sie mich auf einem großen Felsblock herumbrüllen sehen. Je größer der Brocken, desto größer der Spaß! Aber nicht jeder hat einen Kletterfelsen im Garten. Was also tun? Bauen Sie Ihren Kindern eine Kletterwand! Sie brauchen nur ein paar Haltegriffe und einen Ausflug in den Baumarkt.

SCHWIERIGKEITSGRAD:
anspruchsvoll

ZEITAUFWAND:
ein Nachmittag

MATERIAL:

1 großer Baum (wenn keiner in Ihrer Nähe steht, können Sie die Kletterwand auch an einer Hauswand befestigen)

1 Sperrholzbodenplatte, 120 × 240 cm, 4 cm dick

1 Liter Außenwandfarbe, die gut zur gewählten Umgebung passt

1 Brett (Kiefer oder Lärche), 240 × 15 cm, 5 cm dick

2 Bretter (Kiefer oder Lärche), 480 × 15 cm, 5 cm dick

etwa 40 Kunststoffklettergriffe (bei Outdoor-Ausrüstern paketweise, inklusive Werkzeug, zu bestellen; siehe Bezugsquellen Seite 165)

OPTIONAL:

Kuhglocke, zum Läuten, wenn die Kinder oben angekommen sind

BEFESTIGUNGSMATERIAL:

6 Sechskantschrauben, 12 × 260 mm, mit U-Scheiben

50 Holzschrauben, 75 mm

WERKZEUGE:

Kreissäge

Bohrmaschine mit Kreuzschlitz-Bit, 6 × 300 mm, und 10-mm-Bohrer

Leiter

Wasserwaage

12er-Steckschlüssel

Inbusschlüssel, um die Klettergriffe zu befestigen (meist mit enthalten)

ANLEITUNG:

1 Schneiden Sie am Baum bis auf eine Höhe von etwa 5 Metern alle Äste ab, die Sie hindern könnten, die Kletterwand anzubringen.

2 Halbieren Sie die Sperrholzplatte der Länge nach, um zwei Stücke von 60 × 240 cm zu erhalten.

3 Bemalen Sie die glatteren Seiten der beiden Stücke mit der gewünschten Wandfarbe. Vergessen Sie die Kanten nicht (die Rückseite muss nicht gestrichen werden). Trocknen lassen.

4 Für die Halterung schneiden Sie das 2,4 m lange Brett in vier Stücke à 60 cm. Wir brauchen nur drei davon. Heben Sie das letzte zum Unterlegen auf, falls Sie es in Schritt 8 brauchen.

5 In jedes der eben geschnittenen Stücke bohren Sie zwei 6-mm-Löcher. Die Löcher sollten zentral auf dem Brett mindestens 15 cm auseinander sein. Siehe Abbildung **a**.

6 Halten Sie eines der Bretter etwa 30 cm über dem Boden waagrecht (Wasserwaage benutzen!) und zentral gegen den Baum und benutzen Sie es als Bohrschablone. Stecken Sie dazu den Bohrer in die Löcher und bohren Sie etwa 2,5 cm tief in den Baum.

7 Nehmen Sie das Brett weg und bohren Sie nun mit der Bohrmaschine jedes Loch etwa 15 cm tief.

8 Befestigen Sie nun mit Schlüsselschrauben und U-Scheiben die untere Halterung am Baum. Aufgrund der Rundung des Baumes brauchen Sie für einen festen Sitz wahrscheinlich eine Unterlage. Bohren Sie auch Löcher in die Unterlage und befestigen Sie das Brett am Baum. Siehe Abbildungen **b** und **c**.

9 Anschließend befestigen wir die mittlere und obere Halterung auf die gleiche Art. Dazu brauchen Sie eine Leiter; wenn der Boden weich ist, mit ein paar Abfallbrettern unterlegen, um nicht einzusinken. Der Abstand zwischen der Oberkante der oberen und der Unterkante

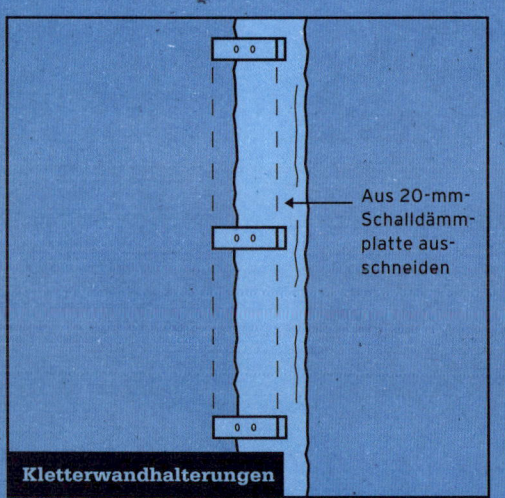

Aus 20-mm-Schalldämmplatte ausschneiden

Kletterwandhalterungen

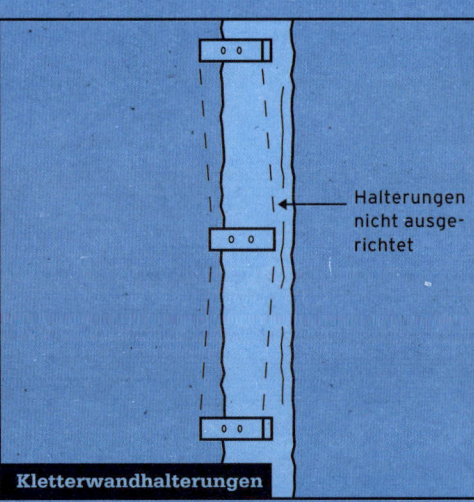

Halterungen nicht ausgerichtet

Kletterwandhalterungen

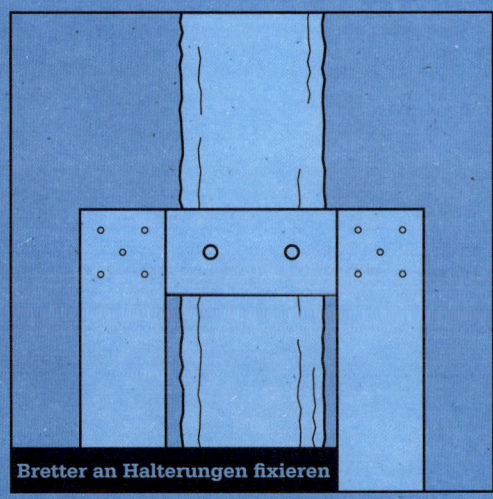

Bretter an Halterungen fixieren

der unteren Halterung sollte 4,8 m betragen, die mittlere Halterung sollte genau auf halber Strecke zwischen den anderen beiden sein, das heißt von der Mitte aus gemessen jeweils 2,4 m zur Unterkante der unteren und zur Oberkante der oberen Halterung. Prüfen Sie vor dem Befestigen der Halterungen, dass alle auf gleicher Höhe sind. Dazu montieren Sie die Halterungen zuerst provisorisch mit ein paar Holzschrauben, lehnen die 4,8-m-Platten dagegen und kontrollieren es. Siehe Skizze **Kletterwandhalterungen.**

10 Montieren Sie jetzt die 2,4 m langen Bretter bündig mit den Außenkanten der Halterungen, eines links und eines rechts. Befestigen Sie die Bretter mit fünf Holzschrauben im Kreuzmuster (analog der Position der fünf Punkte auf einem Würfel) an den Halterungen. Siehe Abbildung **d** und Skizze **Bretter an Halterungen fixieren.**

11 Nun werden an den Bodenplatten in einem Abstand von etwa 45 bis 60 cm je 20 Klettergriffe befestigt,

jeweils mit der größten Griffläche nach oben gerichtet. Zur Befestigung bohren Sie 10-mm-Löcher (oder Löcher in anderer Größe, je nach dem mit den Griffen gelieferten Material) und schrauben die Griffe mit dem Inbusschlüssel und dem mitgelieferten Material fest. Wenn Ihre Kinder eine größere Herausforderung brauchen, können Sie einzelne oder alle Griffe später lockern und umdrehen.

12 Montieren Sie den ersten Teil der Kletterwand bündig mit deren Außenkanten an die senkrechten Träger, und zwar alle 15 cm und 5 cm vom Rand mit einer Holzschraube.

13 Montieren Sie die zweite Wandhälfte ebenso. Bitten Sie dazu einen Freund oder Nachbarn um Unterstützung.

14 Bringen Sie zum krönenden Abschluss eine Kuhglocke oben an der Kletterwand an. Es wird den Kindern ganz besonders Spaß machen, die Glocke zu läuten und alle wissen zu lassen, dass sie den »Gipfel« erklommen haben. Nächster Halt: Eiger.

WOCHENEND-PROJEKTE

LONGBOARD

Haben Sie je bemerkt, wie viele Straßen es in Ihrer Gegend gibt? Überall sieht man glatt geteerte Wellen, die nur darauf warten, befahren zu werden. Gehen Sie in die Hocke oder mit den Zehen auf die Brettspitze. Spüren Sie die fließende Bewegung, wenn Sie – ich meine natürlich Ihre Kinder –, über den Asphalt sausen, die Sonne im Gesicht und den Wind im Haar. Aber machen wir uns nichts vor: Ich garantiere Ihnen, Sie werden sich das Board ausleihen, um die alten ruhmreichen Tage des Skateboardens noch einmal zu erleben.

SCHWIERIGKEITSGRAD: anspruchsvoll

ZEITAUFWAND: ein Wochenende

MATERIAL:

1 Eschenholzbrett, 122 × 18 cm, 2,5 cm dick

2 superbreite 10"-Skateboard-Komplettachsen (persönlich mag ich die Achsen der Marke Independent)

1 Satz extraweiche Straßenrollen (jawohl, zu einem Satz gehören 4)

8 auf Geschwindigkeit ausgelegte Kugellager

Griptape, 25 cm breit, 1,2 m

BEFESTIGUNGSMATERIAL:

Skateboard Montagematerial, 1 1/2", um die Komplettachse mit dem Brett zu verschrauben

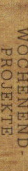

WERKZEUGE:

Maßband

Wasserwaage oder Maßstab

Bleistift

Zimmermannswinkel

Filzstift

Bohrmaschine mit 5-mm- und 6-mm-Bohrer

Bandsäge oder Stichsäge mit Holzblatt

Schleifmaschine mit ein paar Bögen 60er-Schleifpapier

Schraubenzieher

Teppich- oder Taschenmesser

Steckschlüssel mit Nüssen zu $\frac{1}{2}''$, $\frac{3}{8}''$ und $\frac{9}{16}''$

ANLEITUNG:

1 Schauen Sie sich Ihr Brett an und suchen Sie die Stelle mit der schönsten Maserung. Das wird die Brettspitze. Drehen Sie nun das Brett um – alle Markierungen werden auf der Unterseite gemacht.

2 Zeichnen Sie der Länge nach eine Mittellinie auf das Brett: Mit dem Maßband messen Sie 9 cm vom Rand und machen mit der Wasserwaage und dem Bleistift eine saubere gerade Linie.

3 Nun geht es an die Gestaltung der Brettform. Es bekommt die wunderschöne, klassische Tränenform, bekannt als »Pintail«. Messen Sie 2,5 cm von der Spitze ab und ziehen Sie mit dem Zimmermannswinkel eine gerade Linie quer über das Brett. Sie sollten diese und die folgenden Markierungen mit den Maßen beschriften, weil sie für das Folgende benötigt werden. Siehe die Skizze rechts **Den Umriss des Boards aufzeichnen.**

4 Ziehen Sie eine waagrechte Linie 5 cm hinter der Brettspitze, dann eine bei 9 cm, eine bei 14 cm und noch eine bei 3 cm. Siehe Abbildungen **a** und **b**.

5 Nun machen wir von der Längsseite her messend Markierungen auf diesen Linien. Wenn wir damit fertig sind, sollten wir einen Satz perfekt symmetrischer Markierungen auf unserem Brett haben. Beginnen Sie mit der 2,5-cm-Linie und machen Sie jeweils 6 cm von beiden Rändern weg ein Kreuz. Siehe Abbildungen **c** und **d**.

6 Nun machen Sie an den waagrechten Linien jeweils in folgenden Abständen von den Außenkanten entfernt ein Kreuz:
auf der 5-cm-Linie jeweils 4 cm von den Außenkanten,
auf der 9-cm-Linie jeweils 2,5 cm von den Außenkanten,
auf der 14-cm-Linie jeweils 1,3 cm von den Außenkanten
und schließlich an der 30-cm-Linie jeweils an den Außenkanten selbst. Siehe Abbildungen **c** und **d**.

7 Das war's für den vorderen Bereich. Nun folgen weitere waagrechte Linien für den hinteren Teil der Form:
die erste 71 cm von der Spitze entfernt,
eine weitere bei 90 cm,
eine bei 103 cm,
eine bei 112 cm
und noch eine bei 120 cm.

8 Nun machen Sie wiederum auf den waagrechten Linien Kreuze in folgenden Abständen von den Außenkanten entfernt:
auf der 71-cm-Linie jeweils 1,5 cm von den Außenkanten,
auf der 90-cm-Linie jeweils 2,5 cm von den Außenkanten,
auf der 103-cm-Linie jeweils 4 cm von den Außenkanten,
auf der 112-cm-Linie jeweils 5 cm von den Außenkanten
und auf der 120-cm-Linie jeweils 6,5 cm von den Außenkanten.

9 Jetzt werden mit dem Bleistift alle Punkte durch eine lange, nicht verwackelte freihandgezeichnete Linie verbunden. Achten Sie darauf, dass die Kurven auf den beiden Seiten genau gleich aussehen. Die Linien sollten den Rand an der waagrechten 30-cm-Linie, der breitesten Stelle des Bretts, berühren. Da das Gewicht auf dem vorderen Fuß lastet, wenn es in den Kurven Druck gibt, muss diese Stelle etwas massiver sein.

10 Um die Linie zum hinteren Ende fortzuführen, folgen Sie zuerst der Kante von der waagrechten 30-cm-Linie in einer fast geraden Linie, bis Sie bis auf zwei Drittel an die 71-cm-Linie herangekommen sind, dann beginnen Sie die Linie nach innen zu ziehen.

11 Verbinden Sie sorgfältig die restlichen Markierungen und verbinden Sie die beiden Linien am Brettende mit einem Halbkreis.

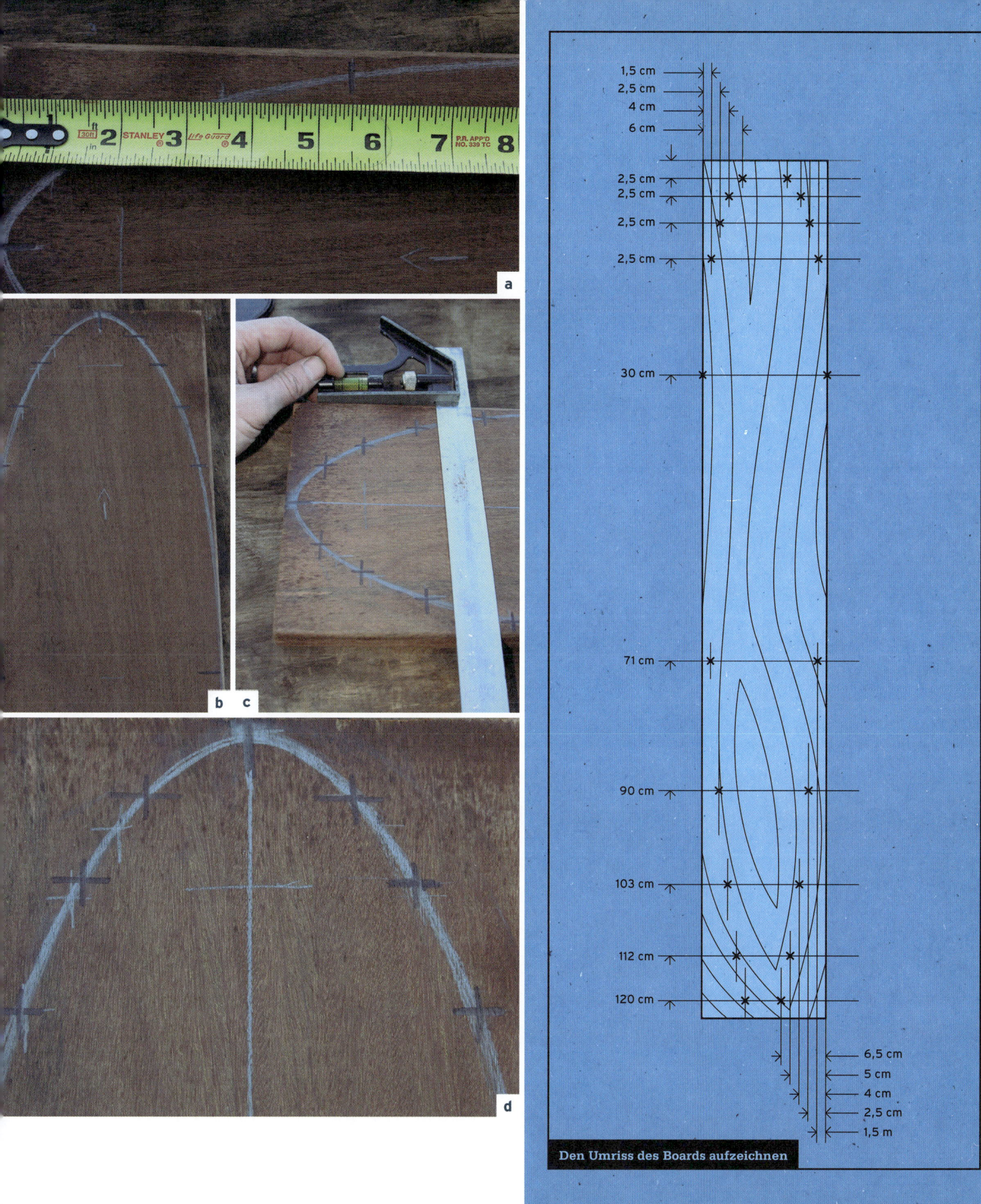

Den Umriss des Boards aufzeichnen

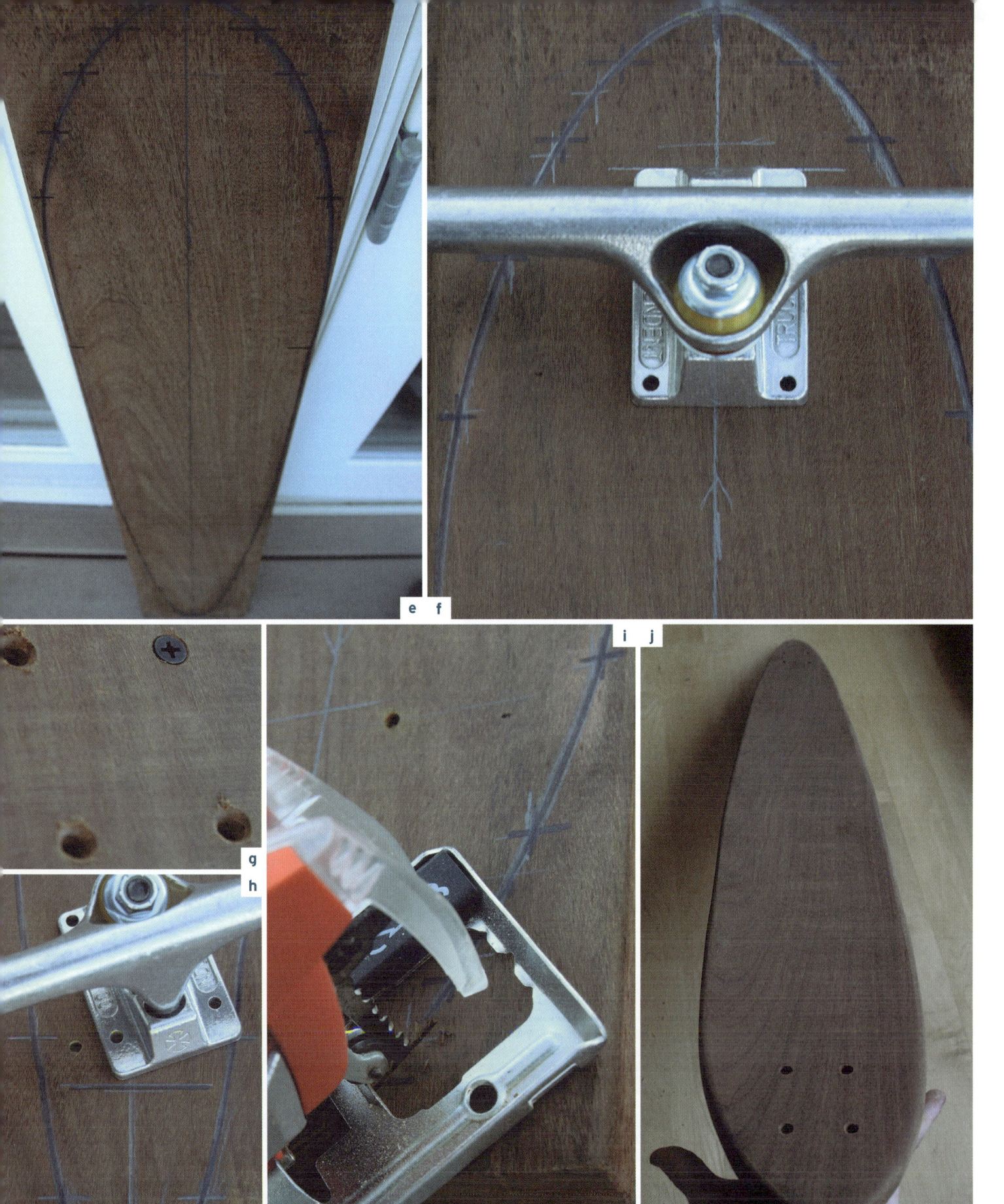

e f

i j

g

h

12 Prüfen Sie den ganzen Umriss noch einmal und vergewissern Sie sich, dass die Übergänge zwischen den Punkten glatt und gleichmäßig sind. Am besten blicken Sie dazu der Länge nach über das Board. Siehe Abbildung **e**. Nehmen Sie sich ruhig einen Moment Zeit, um sich auf das Board einzustimmen. Es sind nicht so viele handgearbeitete Bretter auf den Straßen unterwegs – ein Grund mehr, Ihren Beitrag zu dieser Kunst zu genießen.

13 Sind Sie mit der Kurve auf Ihrem Board zufrieden? Großartig! Nun fahren Sie die Kontur vorsichtig mit dem Filzstift nach, damit sie beim Aussägen besser zu erkennen ist.

14 Vor dem Schneiden werden jedoch noch die Löcher für die Achsen gebohrt. Ziehen Sie auf der Brettunterseite mit dem Zimmermannswinkel eine waagrechte Linie 5 cm hinter der Spitze.

15 Legen Sie nun die Bohrmaschine mit dem 5-mm-Bohrer bereit. Platzieren Sie eine der Achsen auf die Mittellinie, und zwar so, dass ihre Vorderkante mit der 5-cm-Linie bündig ist und der Königszapfen sowie der Lenkgummi zur Brettmitte zeigen. Die Achse muss exakt auf der Mittellinie des Boards liegen, seien Sie hier also sehr akkurat. Wenn die Achsen nicht exakt ausgerichtet sind, »zieht« das Board in zwei Richtungen gleichzeitig, was keine gute Idee ist. Siehe Abbildung **f**.

16 Alles ausgerichtet? Gut. Dann drücken Sie die Achse fest an und zeichnen mit dem Bleistift die Lage aller Löcher aufs Brett. Nun messen Sie die Lage der Löcher auf der Achse nach, das heißt den Abstand aller Lochmittelpunkte zur Vorderkante und zur Mittellinie. Mit dem Zimmermannswinkel prüfen Sie genau nach, dass die Löcher, die Sie auf dem Brett markiert haben, den Messungen entsprechen. Machen Sie zentrierte Vorbohrungen durch jedes Loch der Achse.

17 Nehmen Sie die Achse weg. Legen Sie das Board auf ein glattes Stück Abfallholz und bohren Sie mit demselben 5-mm-Bohrer die Löcher für die Achse durch das Board. Halten Sie das Board fest nach unten gedrückt, damit das Holz nicht splittert, wenn der Bohrer auf der anderen Seite durchkommt.

18 Damit man später bei der Benützung des Boards die Schraubenköpfe nicht spürt, werden sie auf der Oberseite leicht versenkt. Nehmen Sie dazu den 6-mm-Bohrer und schalten Sie auf Linkslauf. Stecken Sie den Bohrer in eines der Löcher und schalten Sie die Bohrmaschine an. Beschreiben Sie nun einen Kreis, während Sie die Bohrmaschine um 45 Grad kippen. Vielleicht üben Sie das zuerst an einem Stück Abfallholz. Wichtig: den Linkslauf der Bohrmaschine einstellen, damit Sie das Brett nicht anbohren. Siehe Abbildung **g**.

19 Ziehen Sie eine weitere Linie 7,5 cm vor dem Boardende und wiederholen Sie hier das Prozedere mit der anderen Achse. Die hintere Achse 2,5 cm weiter nach vorne zu setzen, erhöht die Stabilität, da das Board an diesem Ende ziemlich schmal wird. Vergewissern Sie sich wieder, dass Königszapfen und Lenkgummi zur Boardmitte zeigen und dass die hintere Kante der Achse bündig an der 7,5-cm-Line anliegt. Siehe Abbildung **h**.

20 Mit einer Band- oder Stichsäge schneiden Sie nun das Board aus. Gehen Sie dabei langsam und sorgfältig vor und folgen Sie genau der Linie. Wenn Sie merken, dass Sie abdriften, sorgen Sie dafür, dass Sie sich auf der Außenseite der Linie befinden. Oder lassen Sie sich von Anfang an etwas Spielraum und schneiden Sie ein wenig neben der Linie. Abschleifen kann man im Nachhinein immer noch, aber hinzufügen lässt sich nicht mehr. Beginnen Sie immer von vorne oder von hinten und schneiden Sie auf die 30-cm-Linie zu. Siehe Abbildung **i**.

21 Großartig! Das Brett ist gesägt. Nun geht's ans Schleifen. Dafür müssen Sie rund 45 Minuten bis 1 Stunde rechnen. Schleifen Sie zuerst die Schnittkanten, bis sie mit dem aufgezeichneten Umriss bündig sind und allfällige Unregelmäßigkeiten verschwunden sind. Dann werden alle Ecken und Kanten abgerundet, bis sie absolut glatt sind. Ja, Schleifen kostet Zeit, aber es ist die Seele dieses Projekts und gibt dem Board den Feinschliff. Und wenn Sie das Geschoss dann fahren, werden Sie sehen, dass es sich lohnt, all die Zeit in diese Arbeit zu stecken. Siehe Abbildung **j**.

22 Gute Arbeit! Nun können Sie noch mit Ihren Zeichenkünsten glänzen. Entwerfen Sie ein cooles Sujet für die Oberseite des Boards. Mir gefällt zum Beispiel eine schöne anbrandende Welle. Machen Sie erst eine Skizze und probieren Sie es auf einem Stück Abfallholz aus. Wenn es aussieht wie gewünscht, zeichnen Sie es mit dem Filzstift auf Ihr Brett. Siehe Abbildung **k.**

23 Nun werden Achsen, Rollen und Kugellager montiert. Nehmen Sie das 1¹/₂″-Montagematerial und den ³/₈″-Steckschlüssel, um die Achse zu sichern. Die Schraubenköpfe sollten problemlos in den vorgebohrten Löchern verschwinden. Um die Rollen zu montieren, drücken Sie mit dem 1¹/₂″-Steckschlüssel je ein Kugellager in jede der Seiten. An jedem Achsenende sollten sich je zwei U-Scheiben befinden. Sie müssen eine auf beide Seiten jeder Rolle aufbringen. Nach dem Montieren der Rollen ziehen Sie die Achsenmuttern fest. Das sorgt für den richtigen Sitz der Kugellager. Dann machen Sie die Achsenmuttern wieder auf, bis die Rollen frei drehen, sich aber nicht seitlich bewegen. Siehe Abbildung **l.**

24 Nun wird die Oberseite mit durchsichtigem Griptape überzogen. Sorgen Sie für eine saubere Oberfläche, ziehen Sie das Griptape langsam ab und kleben Sie es sukzessive auf. Vermeiden Sie Blasen und lassen Sie etwas Tape an den Seiten überstehen.

25 Reiben Sie mit dem Schraubenzieher im 45-Grad-Winkel fest den Kanten des Boards entlang. So entsteht eine deutliche Linie an der Kante, und Sie können das überschüssige Griptape mit dem Teppichmesser einfach abschneiden. Dazu halten Sie das Griptape waagrecht und kippen das Teppichmesser beim Schneiden etwas zur Brettmitte. Auf diese Weise schneiden Sie der Kante des ganzen Boards entlang, bis alles überstehende Tape ab ist. Siehe Abbildungen **m** und **n.**

26 Nehmen Sie bei Ihren ersten Testfahrten den ⁹/₁₆″-Steckschlüssel mit, um die Achsen nach Wunsch zu justieren. Sie wollen ja nicht ins Flattern geraten, wenn Sie die steilsten Hänge in der Nachbarschaft hinunterbrettern. Wenn Ihre Achsen zu locker sind, ziehen Sie sie fest, und umgekehrt.

Viel Spaß – und vergessen Sie nicht, den Kindern ab und zu das Board zu leihen!

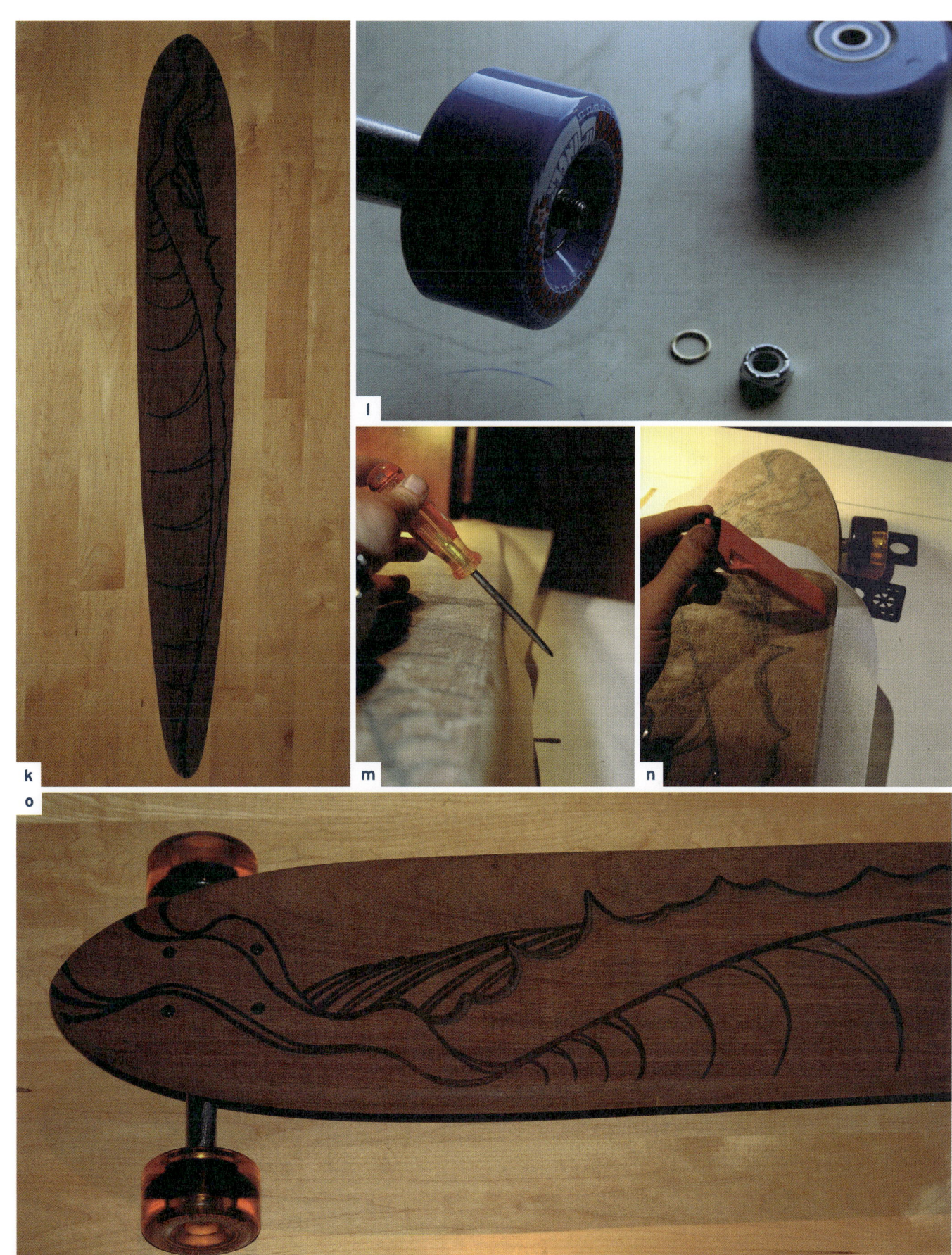

k

l

m

n

o

PUPPENHAUS

Was gibt es Schöneres für ein kleines Mädchen, als mit Puppen zu spielen? Nicht viel, außer einem Haus für sie. Ein Puppenhaus bietet aber nicht nur Platz für Puppen, sondern auch für die Fantasie der Kinder. Hier können sie Beziehungen und Geschichten zum Leben erwecken und ihre eigene kleine Version vom trauten Heim spielen. Das ist ein anspruchsvolles Projekt, aber ich wette, dass jede Stunde, die Sie in den Bau investieren, ein Vielfaches an Spaß beim Spielen bringen wird.

SCHWIERIGKEITSGRAD:
anspruchsvoll

ZEITAUFWAND:
ein Wochenende

MATERIAL:

Sperrholz, 12 mm dick (Birke oder Pappel), möglichst astfrei (1 Platte von 120 × 240 cm, in 4 Stücke à 60 × 120 cm geschnitten – lassen Sie die Platte im Baumarkt zuschneiden)

Tapete oder jedes andere lustig und bunt bedruckte Papier für innen (2 Stücke à 25 × 40 cm und 3 à 25 × 25 cm, optional)

Acrylfarben, je 75-ml-Tuben, in den Farben Weiß (2 Tuben), Rosa (2 Tuben), Rot (1 Tube); Dunkelrot, Burgunderrot oder eine Farbe nach Wahl, um die Innenräume zu bemalen (1 Tube)

Sperrholz, 3 mm dick (Birke oder Pappel; 1 Platte von 60 × 180 cm)

Ca. 40 Aufkleber mit lieblichen Motiven wie Blumen, Schmetterlingen usw.

BEFESTIGUNGSMATERIAL:

Holzleim

Drahtstifte, 35 mm (100er-Schachtel)

Gummi-Zement (optional)

WERKZEUGE:

Hammer

Tischsäge

Bohrmaschine mit 6-mm-Bohrer

Stichsäge mit Universalblatt

Schleifmaschine mit Schleifpapier, 60er-Körnung

Pinsel, 5 cm breit

Kappsäge

1 Schneiden Sie von dem 12-mm-Sperrholz drei gleich große Stücke von 25 × 58 cm und noch zwei Stücke von 25 × 50 cm ab.

2 Klemmen Sie zwei der längeren Stücke zwischen die kürzeren Stücke, sodass sich ein Kasten von etwa 255 × 505 × 61 cm ergibt. Heben Sie das dritte längere Stück für den nächsten Schritt auf. Leimen Sie alle Verbindungskanten mit Holzleim und verbinden Sie sie mit Drahtstiften im Abstand von 10 cm.

3 Platzieren Sie das verbliebene Stück Sperrholz in der Mitte des Gehäuses, um den Raum in zwei Stockwerke zu teilen. Geben Sie wieder Holzleim auf die Verbindungskanten und befestigen Sie das Holz mit Drahtstiften.

4 Mit der Tischsäge schrägen Sie nun die Oberkanten der Seitenwände auf 45 Grad an. Siehe Abbildung **a**.

5 Schneiden Sie aus 12-mm-Sperrholz drei gleich große Stücke von 25 × 24 cm. Das werden die Innenwände.

6 Schneiden Sie aus den Innenwänden ein paar Türen von 6 × 18 cm aus. Machen Sie die Türen etwa 5 cm von der Kante entfernt. Siehe Abbildung **b**. Um den oberen Teil der Türen auszuschneiden, bohren Sie mit dem 6-mm-Bohrer ein Loch in eine Ecke und setzen Sie mit der Stichsäge an. Legen Sie die Innenwände beiseite, sie werden in Schritt 15 eingebaut.

7 Nun zum Dach. Dafür brauchen wir wieder 12-mm-Sperrholz, und zwar ein Stück von 30 × 52 cm und eines von 30 × 51 cm. Schrägen Sie die kürzeren Kanten wiederum auf 45 Grad ab.

8 Verbinden Sie die beiden Dachteile an den nicht angeschrägten Kanten. Das kürzere Stück sitzt auf dem längeren; die angeschrägten Kanten schauen nach unten und nicht nach außen. Das Dach sollte eine 45-Grad-Neigung und zwei gleich lange Schrägen haben. Leimen Sie die Verbindungskante und fixieren Sie sie mit Drahtstiften. Siehe Abbildung **c**.

9 Nun gehen wir an die Vorderseite, die Fassade des Hauses. Wir machen sie aus einer der vorgeschnittenen 12-mm-Sperrholzplatten von 60 × 120 cm. Ziehen Sie zuerst mit dem Bleistift der Länge nach eine schwache Mittellinie. Legen Sie den bereits gemachten Kasten so auf das Sperrholz, dass er unten und außen bündig mit der Sperrholzplatte ist. Positionieren Sie das Dach auf den angeschrägten Kanten des Gehäuses. Der Giebel muss sich genau über der Mittellinie auf dem Sperrholz befinden. Zeichnen Sie nun mit dem Bleistift den Innenrand des Daches auf die Sperrholzplatte. Siehe Abbildung **d**. Das Ziel ist, dass das Dach am Ende oben auf der Vorderseite aufliegt. Ziehen Sie auch einen Strich auf der Unterseite des Dachs, wo es die Außenkante des Gehäuses berührt. Diese Linie sollte 9 cm von der inneren Dachunterkante entfernt sein.

10 Mit der Tischsäge schneiden Sie das Sperrholz jetzt an den Markierungen aus. Sie sollten nun ein Stück mit drei vorgeschnittenen Kanten haben, das unten 61 cm und an den Seiten etwa 50 cm misst. Oben sollte sich ein 45-Grad-Winkel für das Dach befinden.

11 Jetzt werden auf der Vorderseite die Türe und die Fenster ausgemessen und ausgeschnitten. Siehe Skizze Puppenhaus: Fassade. Die Tür sollte etwa 10 × 18 cm groß sein und sich genau in der Mitte befinden, 1,3 cm über dem unteren Rand. Dieser Abstand sorgt dafür, dass die Türe später bündig mit dem Fußboden ist. Um die Tür auszuschneiden, bohren Sie 13-mm-Löcher in zwei gegenüberliegende Ecken und sägen mit der Stichsäge vom Loch zur Ecke hin. Siehe Abbildung **e**.

a

b

c

d

e

f

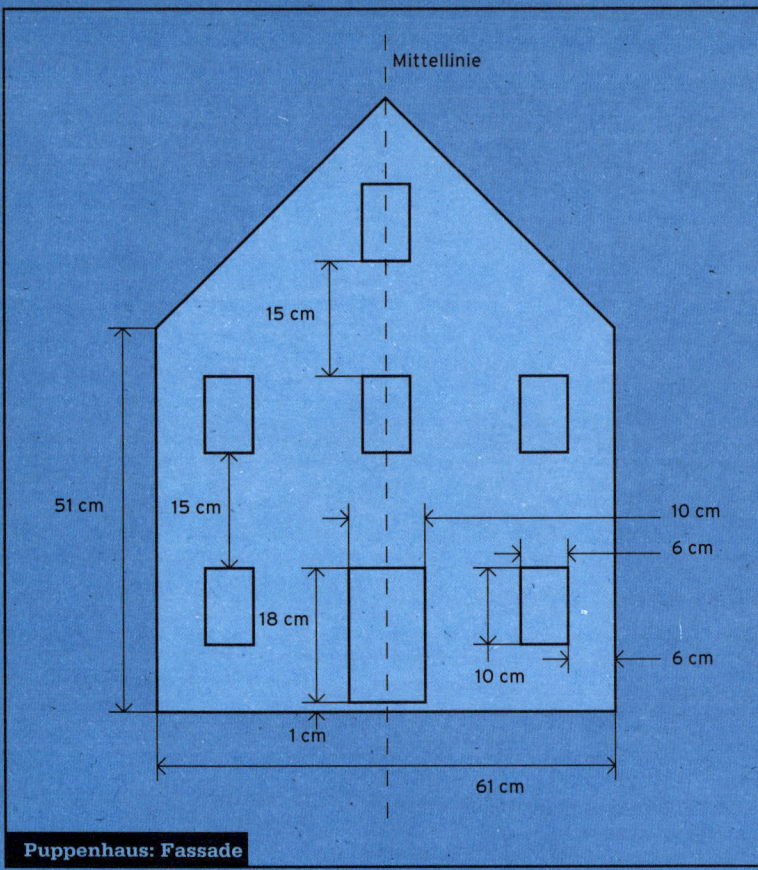

Mittellinie

15 cm

51 cm

15 cm

18 cm

10 cm

6 cm

10 cm

6 cm

1 cm

61 cm

Puppenhaus: Fassade

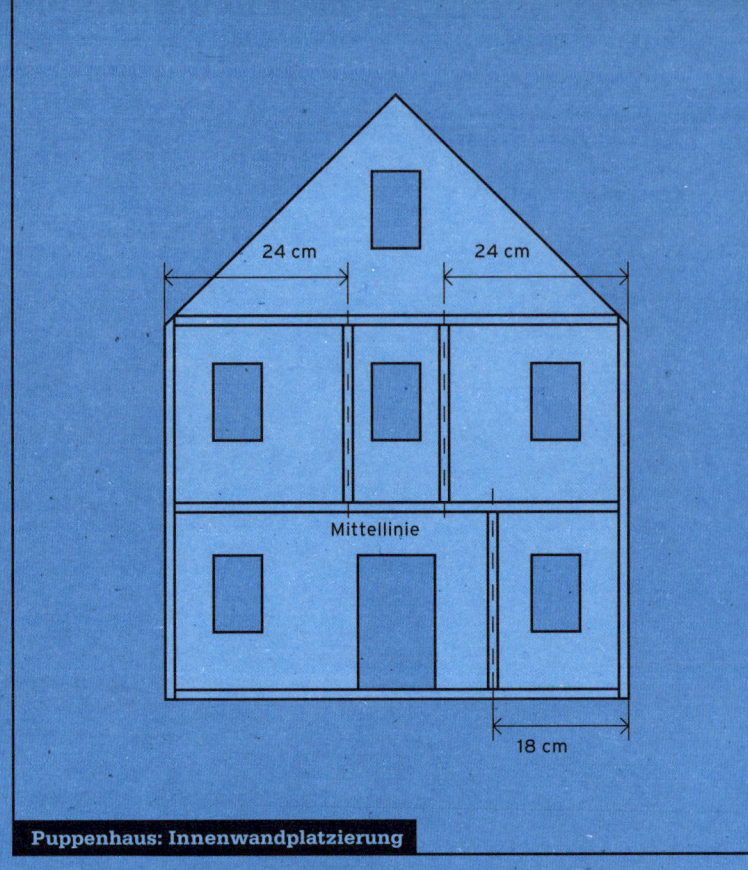

24 cm

24 cm

Mittellinie

18 cm

Puppenhaus: Innenwandplatzierung

12 Mit derselben Technik machen wir ein paar Fenster von 6 × 10 cm Größe. Sie sollten etwa 6 cm von der Außenkante entfernt liegen. Die Fenster des Erdgeschosses sind mit der Türoberkante bündig, die des ersten Stocks schneiden wir 15 cm über denen des Erdgeschosses aus. Das mittlere Fenster sollte genau in der Mitte und bündig zu den beiden anderen sein. Das Dachbodenfenster schneiden Sie genau in der Mitte, wiederum 15 cm über dem mittleren Fenster des zweiten Stocks aus. Die Frontseite sollte jetzt wie in Abbildung **f** aussehen.

13 Schleifen Sie alle Sägekanten ab, besonders die Innenseiten der Türe und der Fenster.

14 Wenn Sie einen oder mehrere Räume tapezieren wollen, machen Sie das jetzt. Schneiden Sie einfach das Papier mit den Wänden als Schablone passend zu. Streichen Sie Papier und Wand mit Gummi-Zement ein und lassen Sie diesen 30 Minuten trocknen, bevor Sie die Tapete auf die bestrichenen Wandflächen auflegen und fest anpressen. Vorsicht beim Aufbringen: Richten Sie das Papier sorgfältig und genau aus, denn der Gummi-Zement klebt sofort. Siehe Abbildung **g**. (Das Auftragen der Tapeten für die Rückseite der Räume bzw. die Innenseite der Fassade wird in Schritt 16 erklärt.)

15 Jetzt werden die Innenwände montiert. Platzieren Sie die Wand im ersten Stock im Abstand von 18 cm zur rechten Außenkante des Hauses, die Wände im zweiten Stock jeweils 24 cm von der Außenwand gemessen. Befestigen Sie die Wände wieder mit Leim und Stiften. Siehe Skizze Puppenhaus: Innenwandplatzierung.

16 Um die Vorderwand (die Fassade) anzubringen, legen Sie zuerst das Haus (ohne Dach) auf die Innenseite der Vorderwand und vergewissern Sie sich, dass alle Kanten bündig sind. Ziehen Sie nun mit Bleistift die Kontur der Innenwände nach, um deren Position auf der Innenseite der Vorderwand zu markieren. Die Bleistiftlinien zeigen, wo geleimt werden muss. Ziehen Sie nun die Vorderwand unter dem Haus hervor und legen Sie sie auf die andere Seite des Hauses, mit den Bleistiftmarkierungen nach oben (diese müssen genau über den entsprechenden Wänden liegen). Drehen Sie nun beides zusammen um und ziehen Sie die Innenwände auch auf dieser Seite der Vorderwand mit Bleistift nach. Diese Markierung sagt Ihnen, wo die Drahtstifte hinkommen.

Die Linien auf der Innenseite der Fassade geben zudem die genaue Lage der Innenwände und Böden wieder, die Sie nun, wenn gewünscht, tapezieren können. Schneiden Sie die Tapete etwas größer zu, sodass die Enden hinter die Wand- bzw. Bodenunterteilungen zu liegen kommen, und kleben Sie das Papier auf das Holz. Bestreichen Sie alle Kanten mit Leim, richten Sie die Vorderwand bündig aus und nageln Sie sie dort fest. Von der Rückseite des Hauses aus sollte es jetzt aussehen wie in Abbildung **h**.

17 Richten Sie das Dach so aus, dass die Linien auf der Unterseite mit den angeschrägten Kanten oben auf dem Haus übereinstimmen. Das Dach muss auch bündig zur Rückseite des Hauses sein. Auf der Vorder-

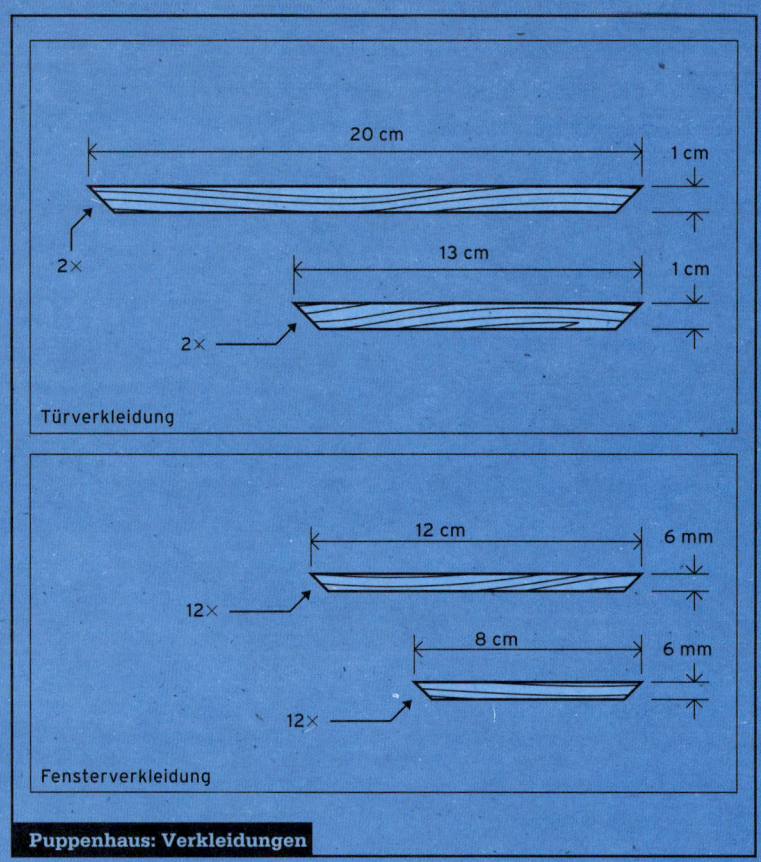

20 cm

1 cm

2×

13 cm

1 cm

2×

Türverkleidung

12 cm

6 mm

12×

8 cm

6 mm

12×

Fensterverkleidung

Puppenhaus: Verkleidungen

seite sollte das Dach etwa 4 cm überstehen. Markieren Sie diese 4-cm-Linie auf der Dachunterseite. Siehe Abbildung **i**.

18 Malen Sie nun die Außenseite des Dachs weiß an. Auf der Unterseite malen Sie bis zur 4-cm-Linie (wo das Dach die Vorderseite des Hauses berührt) und an den Schmalseiten bis zur 9-cm-Linie (wo die Dachunterseite die Außenseiten des Hauses berührt). Keine Angst, wenn Sie etwas darübermalen, die oberen Kanten des Hauses werden das verdecken.

19 Jetzt geht es an den Feinschliff. Siehe Skizze Puppenhaus: Verkleidungen. Für die waagrechten Teile der Fensterverkleidung schneiden Sie mit der Kappsäge aus 3-mm-Sperrholz vier 60 cm lange und 6 mm breite Leisten; für die Türverkleidung eine 1 cm breite und 60 cm lange Leiste.

20 Schneiden Sie die 6-mm-Leisten in zwölf Stücke à 8 cm und schrägen Sie beide Enden jeweils auf 45 Grad an (alle angeschrägten Enden sollten nach innen zeigen wie bei einem Bilderrahmen).

21 Schneiden Sie vom 3-mm-Sperrholz weitere zwölf 6 mm breite und 12 cm lange Stücke ab und schrägen Sie die Enden auf 45 Grad an. Das werden die senkrechten Teile der Fensterverkleidung.

22 Von der 1 cm breiten Leiste für die Türverkleidung schneiden Sie zwei 13 cm und zwei 20 cm lange Stücke ab und schrägen wiederum alle Enden auf 45 Grad an.

23 Malen Sie alle Verkleidungsteile weiß an.

24 Die Außenseite des Hauses malen Sie rosa an.

25 Nachdem alles trocken ist, befestigen Sie das Dach mit Holzleim und Drahtstiften.

26 Leimen Sie die Verkleidungen bündig um die Fenster und die Türe. Siehe Abbildung **j**.

27 Kleben Sie nach Belieben noch ein paar Dekorelemente auf und dann mieten Sie einen Miniumzugswagen. Jetzt kann die Puppenfamilie einziehen!

j

SCHATZKISTE

Als die Männer noch mit Rahseglern und Zweimastern die Meere befuhren, hoben sie ihre Habseligkeiten in hölzernen Seemannskisten auf. Diese Truhen waren fast so wertvoll wie der Schatz darin. Auch unsere Kinder brauchen etwas, wo sie all die Dinge aufbewahren können, die ihnen lieb und teuer sind. Passende gebrauchte Schatzkisten sind schwer zu finden. Hier haben Sie die Gelegenheit, etwas wirklich Schönes selbst zu machen. Etwas Majestätisches wie je eine Schatzkiste, das die wertvollen Güter Ihrer Kinder aufnehmen wird, wenn sie sich zu ihrer eigenen Reise aufmachen, ob zu Lande oder zu Wasser. Wählen Sie dafür Holz mit vielen Ästen, je mehr, desto besser.

SCHWIERIGKEITSGRAD:
anspruchsvoll

ZEITAUFWAND:
ein Wochenende

MATERIAL:

2 Bretter aus Kiefernholz, 180 × 30 cm, 2,5 cm dick

1 Brett aus Kiefernholz, 180 × 10 cm, 2,5 cm dick

1 Zierleiste aus Holz, 180 × 5 cm, 2,5 cm dick

Gold- ober Bronzefarbe

Feiner Marker in Goldmetallic

2 Truhengriffe aus Messing, 9 cm

8 dekorative Messingecken, 5 cm

2 dekorative Messingscharniere, 5 cm

1 alter Gürtel mit interessanter Messing- oder Goldschnalle

Goldfarbene Aufkleber zum Thema Schiff und/oder Meer (optional)

BEFESTIGUNGSMATERIAL:

Holzleim

Drahtstifte, 50 mm (50er-Packung)

100 Ziernägel aus Messing (damit Sie genug haben, falls einige verloren oder kaputt gehen)

WERKZEUGE:

Kappsäge

Hammer

Stichsäge mit Universalblatt

Schleifmaschine mit Schleifpapier, 60er-Körnung

Pinsel, 5 cm

Schraubenzieher mit Kreuzschlitz-Bit

ANLEITUNG:

1 Es ist am einfachsten, mit dem Deckel anzufangen. Schneiden Sie mit der Kappsäge ein 57 cm langes Stück von einem der 30 cm breiten Bretter ab.

2 Schneiden Sie nun von der Zierleiste ein 57 cm langes Stück ab und schrägen Sie die Enden wie für einen Bilderrahmen auf 45 Grad zu, so dass beide Gehrungen nach innen weisen.

3 Schneiden noch Sie zwei weitere Leistenstücke von 28 cm ab und schrägen Sie je ein Ende auf 45 Grad zu. Jetzt haben Sie ein linkes und ein rechtes Stück Verkleidung für den Deckel. Siehe Abbildung **a**.

4 Leimen Sie die drei Stücke auf den Deckel. Achten Sie darauf, dass die Außenkanten bündig sind und die Gehrungen in den Ecken gut sitzen. Nun misst der freie Bereich auf der Unterseite des Deckels noch 52 × 27 cm. Siehe Abbildungen **b** und **c**.

5 Jetzt machen wir den Kasten und fangen mit dem Boden an: Schneiden Sie von dem 30 cm breiten Brett ein Stück von 23 × 48 cm ab.

6 Schneiden Sie noch zwei Stücke für die kürzeren Seiten ab, jeweils 23 × 28 cm.

7 Schneiden Sie nun zwei Stücke für die längeren Seiten ab, jeweils 28 × 51 cm. Wenn Sie fertig sind, sollten Sie fünf Holzstücke haben wie in Abbildung **d**.

8 Nun befestigen wir die zwei kürzeren Teile am Boden. Legen Sie den Boden auf die Werkbank, bestreichen Sie die beiden Schmalseiten mit Leim und kleben Sie die Seitenteile fest. Alles muss fest sitzen und bündig sein. Befestigen Sie die Seitenwände mit Drahtstiften. Siehe Abbildung **e**.

9 Nun bestreichen Sie die Längsseiten des Bodens und die senkrechten Kanten der Seitenwände mit Leim.

Richten Sie Vorder- und Rückseite der Kiste aus und prüfen Sie wieder, ob alles gut sitzt und bündig ist. Fixieren Sie dann die Wände mit Drahtstiften, indem Sie die Stifte durch Boden und Seitenwände treiben. Siehe Abbildung **f**.

10 Großartig. Nun geht's zum Sockel. Von dem 10 cm breiten Brett schneiden Sie zwei jeweils 55 cm lange Stücke ab.

11 Vom selben Brett schneiden Sie noch zwei Stücke von 26 cm ab. Nun haben Sie vier Sockelleisten.

12 Zeichnen Sie auf eine der Sockelleisten einen dekorativen symmetrischen Bogen, jeweils 5 cm vom Rand beginnend und endend. Siehe Abbildung **g**. Zu einem symmetrischen Bogen kommen Sie ganz einfach, indem Sie auf ein Stück Weichschaumpappe oder Passepartoutkarton, das genauso hoch ist wie der Sockel, die Hälfte der Bogenform aufzeichnen und ausschneiden; dies ist Ihre Schablone. Zeichnen Sie nun auf die Holzsockelleiste eine Mittellinie und zeichnen Sie das Muster mit Hilfe der Schablone spiegelbildlich auf beiden Seiten auf.

13 Zeichnen Sie ein ähnliches Muster (in der Breite angepasst) auf eine der kürzeren Sockelleisten. Hier lassen Sie rechts und links 4 cm Rand stehen.

14 Schneiden Sie die Muster der beiden Leisten (der langen und der kurzen) mit einer Stichsäge aus und benutzen Sie die gesägten Stücke dann als Schablone, um das Muster jeweils auf die andere Leiste zu übertragen. Siehe Abbildung **h**.

15 Zum Anbringen der kurzen Sockelleiste legen Sie den Kasten auf eine der Schmalseiten und legen Sie die Sockelleiste so an, dass sie in einer Breite von 4 cm auf der Kastenwand aufliegt. Markieren Sie diese Position auf dem Kasten. Verstreichen Sie Holzleim unterhalb der Markierung, bringen Sie die Leiste in die richtige Lage und

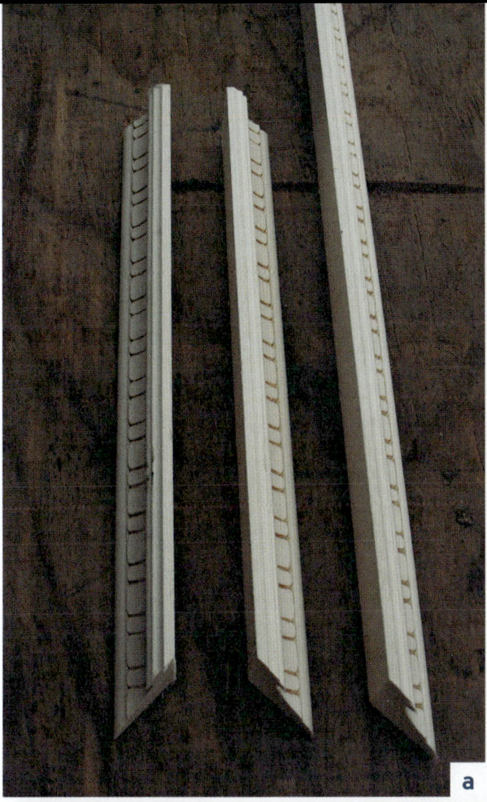

a

b

c

d

e

f

g

h

i

j

l

k

n

o

m

p

befestigen Sie sie mit 5-cm-Stiften. Die Stifte müssen durch die Seitenwände ins Bodenbrett gehen und nicht ins Kasteninnere!

16 Bringen Sie die restlichen Sockelteile auf dieselbe Weise und überall auf derselben Höhe an. Siehe Abbildung **i**.

17 Schleifen Sie den Kasten außen.

18 Bemalen Sie den ganzen Kasten mit Gold- oder Bronzefarbe, fangen Sie dabei mit der Zierleiste an. Inneres und Boden nicht vergessen. Wenn Sie damit fertig sind, sollte die Zierleiste so trocken sein, dass sie verziert werden kann. Fahren Sie die Vertiefungen in den Leisten nach, und füllen Sie diese mit Metallicmarker auf.

19 Legen Sie die Scharniere über die Oberkante der Kistenrückwand. Sie sollten 10 cm Abstand zu den Ecken haben und in 90 Grad über die Kante der Wand hängen. Siehe Abbildung **j**. Schrauben Sie die Scharniere fest.

20 Legen Sie die Kiste auf den Rücken und die Scharniere auf die Deckelinnenseite. Befestigen Sie zuerst nur eine Schraube je Scharnier, öffnen und schließen Sie dann den Deckel ein paar Mal. Wenn er passt und nirgends scheuert, befestigen Sie ihn mit den restlichen Schrauben. Wenn der Deckel scheuert und Sie beim Bauen keinen Fehler gemacht haben, drehen Sie die Schrauben heraus, ziehen Deckel und Kasten ein wenig auseinander und befestigen das Scharnier wieder mit einer Schraube. Sobald alles passt, drehen Sie die restlichen Schrauben fest. Siehe Abbildung **k**.

21 Bringen Sie die Messinggriffe an den Kistenseiten an, zentriert und etwa 23 cm über dem Boden. Lassen Sie genug Platz, um den Deckel schließen zu können.

22 Bringen Sie die dekorativen Eckbeschläge an den oberen Ecken des Deckels und den vier Ecken der Sockelunterseite an. Ziehen Sie die Schrauben an der Sockelunterseite so stark an, dass die Kiste auf den Messingecken ruht, nicht auf den Schraubenköpfen. Siehe Abbildung **l**.

23 Nun befestigen Sie den Gürtel mit den Ziernägeln aus Messing. Legen Sie dazu den Kasten wieder auf den Rücken (die Seite mit den Scharnieren) und positionieren Sie den Gürtel so, dass die Schnalle sich in etwa auf derselben Höhe befindet wie die Griffe auf den Kistensei-

ten. Wenn der Gürtel an der richtigen Stelle ist, ziehen Sie ihn fest und markieren Sie, wo er die Sockeloberkante kreuzt. Dort schneiden Sie ihn ab und nageln ihn mit Ziernägeln an der Vorderseite mittig fest. Siehe Abbildung **m**.

24 Stellen Sie die Kiste wieder auf und stecken Sie den abgeschnittenen Teil des Gürtels (das Ende mit den Löchern) durch die Schnalle. Legen Sie das lose Ende über Deckel und Rückseite der Kiste. Passen Sie die Länge des Gürtels an, der durch die Schnalle auf der Vorderseite geht. Lassen Sie genug übrig, dass der Gürtel bis zur Sockeloberseite auf der Rückseite der Kiste reicht. Ziehen Sie das lose Gürtelende fest über Deckel und Rückseite der Kiste und markieren Sie die Stelle, wo er mit der Sockeloberkante bündig ist. Schneiden Sie ihn dort ab und befestigen Sie ihn mit sechs Ziernägeln auf der Kistenrückseite: zwei knapp über der Unterkante, zwei in der Mitte und zwei nahe der Oberkante. Befestigen Sie ihn auch auf der Oberseite des Deckels mit Messingnägeln, nicht aber auf der Vorderseite der Kiste.

25 Nun zum Feinschliff. Zuerst befestigen wir eine Reihe Ziernägel senkrecht beidseits der Außenkanten der Kistenwände. Den ersten Nagel setzen Sie 2,5 cm über der Sockelleiste und 2 cm von der Kante entfernt, die weiteren in Abständen von 2,5 cm zwischen den Nägeln und immer 2 cm von der Außenkante – 8 Nägel passen so perfekt und lassen genug Platz, dass der Deckel beim Schließen keinen Nagel berührt. Siehe Abbildungen **n** und **o**. Auf diese Weise machen wir zwei Reihen pro Kante, acht Reihen insgesamt. So scheinen die Nägel die Kiste zusammenzuhalten, was das Seemännische ihres Aussehens verstärkt. Siehe Abbildung **p**.

26 Nun können die Kiste noch nach Belieben mit passenden Aufklebern und anderem Zierrat aufpeppen.

Und gleich noch die passende Aufgabe dazu: Wer die mit Beute gefüllte Schatzkiste vergraben will, muss zuerst eine Karte zeichnen. Die darf natürlich nicht in die falschen Hände geraten! Man denke nur an all die Freibeuter, Draufgänger, Höker und vor allem an die kleinen Brüder oder Schwestern. Aber eigentlich wäre es eine Schande, ein solches Juwel zu vergraben. Ich schlage deshalb vor, eine falsche Schatzkarte zu zeichnen, wie es auch die echten Piraten gemacht haben. So bleibt sie sicher und potenzielle Plünderer tappen im Dunkeln!

SPRUNGRAMPE

Lassen Sie mich raten – Ihre Kinder haben Radfahren gelernt und möchten jetzt ihre BMX-Karriere starten und Sprünge über irgendwelche Hindernisse wagen? Als Erstes denken Sie dabei an Formsteine und ein Stück Sperrholz. Gut, anfangs mag das funktionieren, aber nach ein paar guten Sprüngen beginnt das Holz zu splittern. Dann laufen sie Gefahr, durch die Rampe zu brechen und über die Stange abzusteigen. Damit die Suche der Kinder nach einem Nervenkitzel nicht mit Ihrer Suche nach einem Krankenhaus endet, bauen Sie ihnen eine solide Rampe (und investieren Sie in Helme und Schutz-polster)! Die ist nicht nur klasse, sondern hat auch noch ein paar nette Extras. Wenn die Kleinen das erst mal gemeistert haben, sind sie im Nu bei den X-Games.

SCHWIERIGKEITSGRAD:
anspruchsvoll

ZEITAUFWAND:
ein Wochenende

MATERIAL:

5 Bretter (Kiefer oder Lärche), 240 × 10 cm, 5 cm dick

1 Brett (Kiefer oder Lärche), 120 × 10 cm, 2,5 cm dick

1 Sperrholz-Bodenplatte, 20 mm dick, 120 × 240 cm, in 4 gleich große Stücke von 60 × 120 cm geschnitten

1 Sperrholzplatte, 12 mm dick, 120 × 240 cm, in vier gleich große Stücke von 60 × 120 cm geschnitten*

4 einfache, nicht schwenkbare Gleitrollen, 75 mm Durchmesser

4 stabile Stangen à 60 cm

8 Rohrschellen ½"

BEFESTIGUNGSMATERIAL:

Holzschrauben, 75 mm (100er-Packung)

Holzschrauben, 50 mm (100er-Packung)

WERKZEUGE:

Zimmermannswinkel

Kreissäge

Bohrmaschine mit Kreuzschlitz-Bit und 3-mm-Bohrer

* Lassen Sie das 12-mm-Sperrholz waagrecht zuschneiden, das heißt, die Faser der zugeschnittenen Platten verläuft senkrecht von langer zu langer Kante. Auf diese Weise zugeschnitten, kann sich das Sperrholz an die Krümmung der Rampe anpassen.

ANLEITUNG:

1 Schneiden Sie die Bretter in 60 cm lange Teile. Aus den 5 cm starken Stücken werden Querstreben, und aus den 2,5 cm starken werden die Vorderkanten. Wenn Sie fertig sind, sollten Sie zwanzig Stücke von 5 cm Dicke und zwei von 2,5 cm Dicke haben. Wir bauen zwei Rampen. Sie können Sie gleichzeitig oder nacheinander bauen, was Ihnen lieber ist.

2 Legen Sie eine der 20-mm-Sperrholzplatten auf Ihre Arbeitsfläche. Wir werden nun zuerst eine Reihe von Markierungen anbringen, um die Krümmung der Rampe zu definieren. Schauen Sie sich die Skizze **Radsprungrampe Seitenwand** auf Seite 99 an, das hilft dem Verständnis.

3 Die erste Marke setzen Sie 15 cm vom oberen und vom rechten Rand entfernt. Dort legen Sie den Zimmermannswinkel an und ziehen eine waagrechte Linie zum Seitenrand. Wichtig: Machen Sie zum Markieren ein großes Kreuz oder X, und zwar so, dass Sie es noch sehen können, nachdem Sie die Krümmung ausgeschnitten haben.

4 Machen Sie auf derselben Platte eine Markierung an der linken unteren Seite 2,5 cm über der Unterkante.

5 Markieren Sie weiter folgende Punkte:
30,5 cm unter dem oberen und 42 cm vom rechten Rand,
40,5 cm unter dem oberen und 65,5 cm vom rechten Rand,
46 cm unter dem oberen und 78 cm vom rechten Rand,
51 cm unter dem oberen und 93,5 cm vom rechten Rand.

6 Nun ziehen wir, beginnend bei der Marke oben rechts, freihändig eine glatte durchgehende Linie zur Marke in der unteren linken Ecke, ebenso eine gerade Linie von der Marke oben rechts bis zum Rand ziehen.

7 Schneiden Sie mit der Kreissäge das Stück der markierten Linie entlang aus. Das wird eine Rampenseite.

8 Mit dem soeben zugeschnittenen Teil als Schablone sägen Sie aus dem Rest des 20-mm-Sperrholzes 3 weitere identische Teile.

9 Nun markieren wir entlang der Krümmung, wohin die Querstreben (die 5 cm starken Stücke) kommen. Nehmen Sie sich eine davon (es reicht auch ein kurzes abgeschnittenes Stück) und platzieren Sie sie mit dem einen Ende dort auf der Seitenwand, wo die Rampe unten beginnen wird, und zwar so, dass die breitere Seite bündig mit der Krümmung der Rampe ist und seine untere Ecke die Unterkante der Seitenwand berührt. Siehe Abbildung **a**. Nun zeichnen Sie die drei anderen Kanten des Holzstücks auf der Seitenwand an (die vierte ist bündig mit der Krümmung, eine Markierung erübrigt sich daher).

10 Verschieben Sie nun das Holzstück, bis es bündig mit der eben gemachten Markierung ist und zeichnen Sie es erneut an. Auch hier sollte das Stück wiederum bündig mit der Krümmung der Seitenwand sein. Siehe Abbildung **b**.

11 Nun setzen Sie das Holzstück, immer bündig mit der Krümmung, jeweils mit seiner linken Ecke auf die fünf weiteren bereits vorhandenen Markierungen (siehe Schritt 3 und 5) und zeichnen dort jeweils die Kontur auf.

12 In der obersten rechten Ecke der Rampe zeichnen Sie das Stück noch einmal an. Siehe Abbildung **c**.

13 Ein weiteres Mal zeichnen Sie die Kontur in der unteren rechten Ecke an, die breite Seite bündig mit der Unterkante der Seitenwand; und schließlich eine letzte Kontur 30,5 cm links davon.

a

Senera
b

c

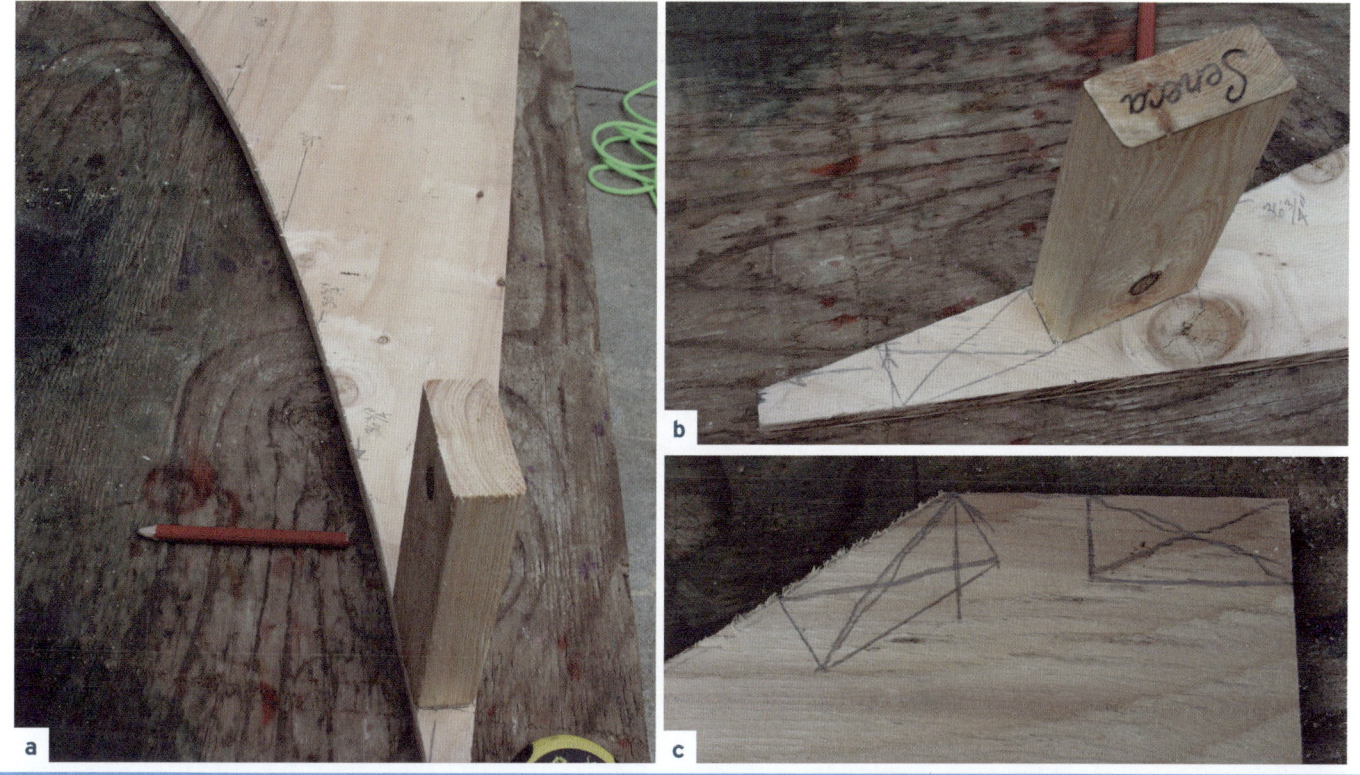

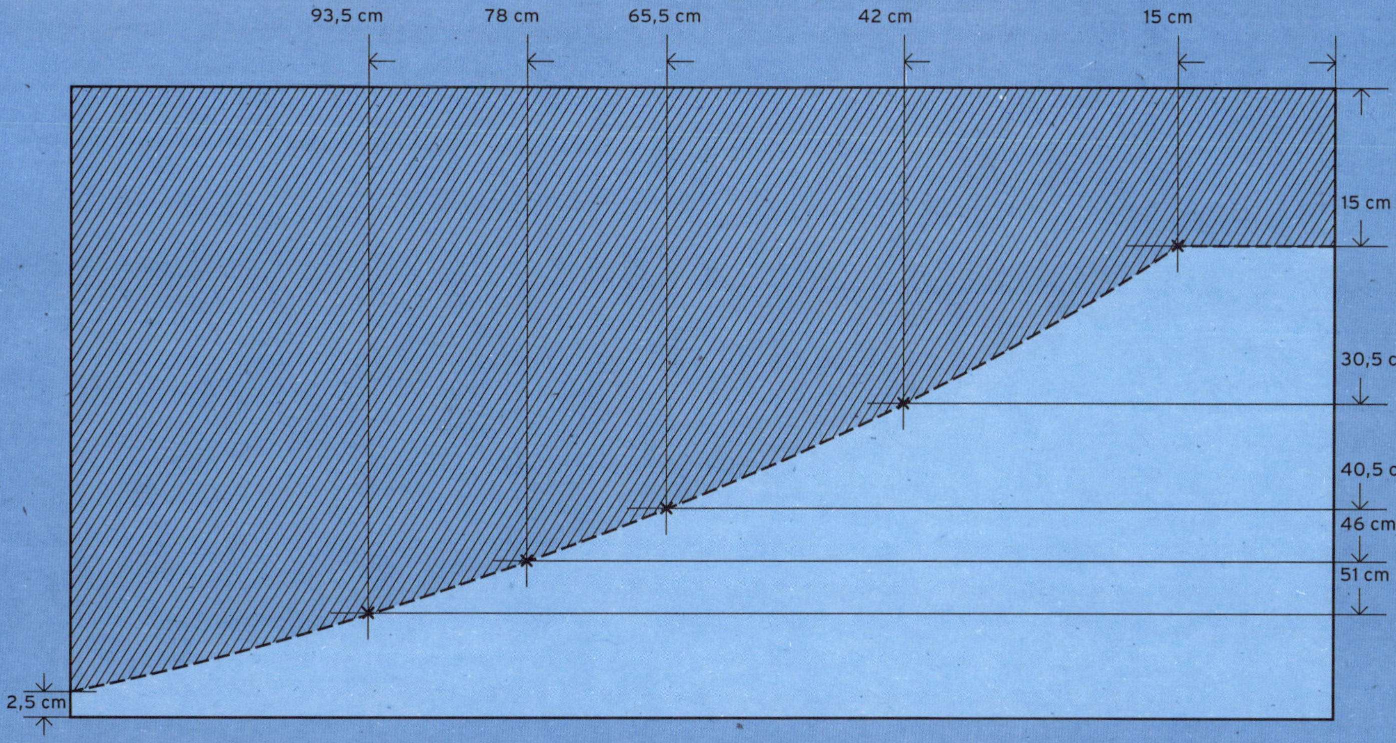
93,5 cm
78 cm
65,5 cm
42 cm
15 cm
15 cm
30,5 cm
40,5 cm
46 cm
51 cm
2,5 cm

Radsprungrampe Seitenwand

14 Für die zweite Rampe wiederholen Sie die Arbeitsschritte 2 bis 13 auf einer weiteren 20-mm-Sperrholzplatte.

15 Nun befestigen wir mit Hilfe der Konturen zehn der 5 cm starken Querstreben an der Seitenwand. Sie kommen auf die andere Seite der Seitenwand, nicht dorthin, wo die Markierungen sind (diese zeigen uns, wo die Schrauben zu setzen sind). Achten Sie sorgfältig darauf, dass die Bretter bündig mit dem Rand der Seitenwand sind. Um die Streben zu befestigen, nehmen Sie für jedes Ende drei 75-mm-Holzschrauben und platzieren sie entsprechend der Abbildung innerhalb der Konturen. Siehe Abbildungen **d** und **e**. Es geht alles ein bisschen schneller, wenn Sie zuerst alle Schrauben etwas hineindrehen, dann die Bretter ausrichten und festschrauben.

16 Wenn Sie damit fertig sind, drehen Sie die Rampe um, sodass die Seitenwand unten liegt. Nun verbinden Sie die Streben mit der anderen Seitenwand: Richten Sie zuerst die Querstreben aus und befestigen Sie sie in den Ecken und an der Rampenvorderseite. Dann machen Sie der Krümmung entlang weiter und fixieren sie wie im letzten Schritt beschrieben. Siehe Abbildungen **f** und **g**.

17 Platzieren Sie nun am Rampenanfang bündig zur Kante der Seitenwände und zur Oberseite der ersten Querstrebe eines der 2,5 cm dicken Holzstücke. Es wird ungefähr 2,5 cm über das Ende der Seitenwände nach vorne überstehen. Bohren Sie zwei Löcher durch jede Rampenseite in das 2,5-cm-Holz und befestigen Sie es mit 75-mm-Holzschrauben. Siehe Abbildung **h**.

18 Nun folgt für die Krümmung der Rampe eines der 12-mm-Sperrholzstücke. Das Sperrholz sollte mit den Rampenseiten bündig sein, nach vorne aber um etwa 10 cm überstehen. Siehe Abbildung **i**.

19 Das Sperrholz wird an der Rampe befestigt, indem Sie es mit je vier 50-mm-Holzschrauben an jeder der Querstreben anschrauben. Beginnen Sie an der Vorderkante der Rampe und arbeiten sich nach oben. Schrauben Sie die vier Schrauben nach dem gleichen Muster in regelmäßigen Abständen in die Querstreben. (Wichtig: Messen Sie jeweils und schreiben Sie sich auf, wo sich die Schrauben befinden. Wir müssen nämlich wissen, wo sie sind, wenn wir später die zweite Lage Sperrholz aufbringen.) Das Sperrholz endet 5 cm vor der Rampenspitze. Sehen Sie, wie die quer zu den Rampenseiten verlaufende Faser hilft, das Sperrholz zu biegen?

20 Nehmen Sie jetzt eine weitere 12-mm-Sperrholzplatte. Das wird die obere Lage unserer Rampe. Schneiden Sie zuvor jedoch 5 cm von der 60 cm langen Seite ab. Mit vier 50-mm-Holzschrauben fügen Sie dieses abgeschnittene Stück oben an der Rampe in die Lücke ein, die das erste Stück Sperrholz gelassen hat.

21 Schneiden Sie nun von einem der 20-mm-Sperrholzreste ein Stück von 61 × 15 cm ab. Legen Sie es seitlich bündig auf den oberen flachen Abschnitt der Rampe, so dass es bündig an das kleine Füllstück vom letzten Schritt stößt. Wenn es richtig sitzt, schrauben Sie es mit sechs 50-mm-Schrauben fest. Treiben Sie drei Schrauben in die Querstrebe am Ende der Rampe, je eine an der Seitenkante und eine in die Mitte. Die anderen werden nahe der Vorderkante des Sperrholzes festgemacht

(ungefähr 1,5 cm von der Kante weg). Diese Schrauben führen in die Seite der Querstrebe am oberen Ende der Krümmung.

22 Nun wird die Sperrholzplatte, die Sie in Schritt 20 zugeschnitten haben, mit der schmalen Seite gegen das 20-mm-Sperrholz oben auf die Rampe gelegt und mit vier 50-mm-Holzschrauben pro Querstrebe an der Rampe befestigt. Beginnen Sie diesmal oben und arbeiten Sie sich nach unten; weichen Sie dabei den Schrauben von der ersten Lage Sperrholz aus. Wenn Sie damit fertig sind, werden Ihnen noch etwa 10 cm bis zum Boden fehlen. Keine Angst: Dieser kleine Höhenunterschied ist nicht zu bemerken, wenn die Rampe in Gebrauch ist. Siehe Abbildungen **j** und **k**.

23 Befestigen Sie die Gleitrollen oben und unten an der hinteren Kante der rechten Seitenwand mit 50-mm-Holzschrauben. Achten Sie darauf, die Schrauben durch die Seitenwände in die Querstreben zu treiben.

24 Platzieren Sie die Stangen beidseits der Rampe am Übergang von der Krümmung zur flachen Partie. Befestigen Sie dazu zwei Rohrschellen mit 50-mm-Holzschrauben an der Seitenwand (versuchen Sie in die Querstreben hinter den Seitenwänden zu treffen), eine oben und eine unten. Siehe Abbildung **l**. Machen Sie das Gleiche auch auf der anderen Seite. Wenn Sie die Rampen auf einer Wiese benutzen, stecken Sie die Stangen in den Boden, bis sie bündig mit der Oberseite sind. (Um Sie zu entfernen, heben Sie eine Seite der Rampe an und ruckeln sie frei.) Entfernen Sie die Stangen, wenn Sie sie nicht benutzen, damit sich niemand aus Versehen daran stößt.

25 Falls Sie beide Rampen gleichzeitig gemacht haben, sind Sie jetzt fertig. Wenn nicht, machen Sie die zweite genau wie die erste – Ihre aufstrebenden BMX'ler müssen ja auch landen können.

26 Stellen Sie die Rampen im Abstand von etwa 1,8 m auf, und dann kann's losgehen! Wenn Ihre BMX-Stars an Können gewinnen, ziehen Sie die Rampen weiter auseinander. Und wer noch ein, zwei Tricks vorführt, erhält Extra-Punkte für künstlerischen Wert.

l

SEILRUTSCHE

Für das wahre »Mission Impossible«-Gefühl gibt's nichts Besseres als eine Seilrutsche. Sie brauchen nur eine 15 m lange freie Strecke zwischen zwei festen Objekten und ein bisschen Gefälle, schon sind Sie im Geschäft. Spannen Sie ein Seil über ein etwas unwegsames Gelände – nichts Halsbrecherisches! –, und Ihre Kinder erleben einen echten Höhennervenkitzel.

SCHWIERIGKEITSGRAD:
anspruchsvoll

ZEITAUFWAND:
ein Wochenende

MATERIAL:

Gartenschlauch oder Tropfrohrschlauch, 1,8 m lang

Rostfreies Stahlseil, 10 bis 13 mm Durchmesser, 15 m lang

1 Brett (Kiefer oder Esche), 60 × 20 cm, 5 cm dick

Geflochtenes Segel- oder Kletterseil aus Nylon, 12 mm Durchmesser, 1,8 bis 2,4 m lang

Zweirad-Seilrolle (oder mit einem Rad, wenn sie sich beim Rutschen drehen soll)

Geflochtenes Nylonseil, 6 mm Durchmesser (genug, um von der Unterseite des Kabels bis auf 1,5 m über Grund zu kommen)

BEFESTIGUNGSMATERIAL:

6 Drahtseilklemmen, 20 mm

6 Holzschrauben, 75 mm

D-Schäkel, schraubbar, 25 mm

WERKZEUGE:

Klebeband

Bohrmaschine mit Kreuzschlitz-Bit und 19-mm-Bohrer

Steckschlüssel mit Nuss, passend für die Drahtseilschellen

Kabelschere oder elektrische Säge mit Metallsägeblatt

Um auf einer Seite einen Baum zu ersetzen, brauchen Sie folgende zusätzlichen Materialien und Werkzeuge:

MATERIAL:

Druckimprägnierter Balken, 4,2 m

Zement für Zaunpfosten (20 Säcke à 25 kg

BEFESTIGUNGSMATERIAL:

1 Mutter, M12, und 1 U-Scheibe

4 Pfähle, um den Balken zu befestigen

Schraubglied, 12 mm

Drahtseilkausche, passend zur Kabelgröße

Geschmiedete Augenschraube (Öffnung von 25 mm Durchmesser, Schaft 12×200 mm)

WERKZEUGE:

Steckschlüssel mit 12-mm-Nuss

Schaufel

Bohrer, 14 mm Durchmesser

Schleifmaschine mit Schleifpapier (60er-Körnung)

HINWEIS:

Details zu den hier verwendeten Knoten finden Sie auf Seite 162.

1 Suchen Sie zwei stabile, feste Punkte auf nahezu gleicher Höhe, ungefähr 15 bis 60 m auseinander, z. B. eine hohe und eine niedrige Stelle an zwei Bäumen, einem Baum und einem Gebäude oder zwei Gebäuden. Die Verbindung sollte ein Gefälle von etwa 4 Grad aufweisen, aber nicht viel mehr. Wenn Sie ein Gebäude nutzen, müssen Sie ein 6-mm-Loch in einen der senkrechten Stützbalken bohren können.

2 Gehen Sie die Strecke der geplanten Seilrutsche ab und entfernen Sie sämtliche Äste und anderen Hindernisse, die die Passagiere auf ihrer Rutschpartie behindern könnten. Wenn der Startpunkt in einem Baum ist, klettern Sie hinauf und machen dasselbe.

3 Schneiden Sie den Gartenschlauch in zwei Stücke à 90 cm. Umwickeln Sie die Kabelenden mit Klebeband und stecken Sie eines durch je ein Schlauchstück.

4 Befestigen Sie das rostfreie Kabel um den Startbaum und achten Sie darauf, dass nur der Schlauch den Baum berührt und nicht das Kabel. Die Seilklemmen fixieren das Seilende am Seil. Mit einem Steckschlüssel platzieren Sie die Klemmen in einem Abstand von 15 cm hintereinander, die erste 15 cm vom Stamm weg. Siehe Abbildung **a**. Wenn möglich, legen Sie das Kabel über einen Ast, wenn Sie es um den Baum führen, um es am Absacken zu hindern. Wenn keine Äste da sind, schrauben Sie eine 75-mm-Holzschraube in die Rückseite des Baums und lassen Sie 25 mm vorstehen. Wenn Sie das Kabel mit Schlauch darauflegen, kann es nicht absacken.

5 Nun bauen wir den Sitz, der an die Seilrolle kommt. Schneiden Sie das Brett in zwei Hälften.

6 Schrauben Sie die beiden Stücke mit vier 75-mm-Holzschrauben zusammen, eine je Sitzecke. Schrauben Sie sie leicht schräg Richtung Mitte, damit sie auf der anderen Seite nicht herausstehen.

7 Bohren Sie ein 20-mm-Loch in der Mitte der Bretter und schleifen Sie gründlich alle Seiten und Kanten, inklusive des eben gebohrten Lochs, bis alles ganz glatt ist.

8 Stecken Sie ein Ende des 12-mm-Seils durch das Mittelloch und machen Sie eine Endacht (Achterknoten), lassen Sie aber 30 cm Seil unter dem Sitz überstehen.

9 Nehmen Sie das Seil, das aus der Oberseite des Sitzes kommt und binden Sie es mit einem Palstek an den D-Schäkel (siehe Abbildung **b**), wickeln Sie das Seil dabei zweimal um den D-Schäkel. Das reduziert das Scheuern. Machen Sie ihn aber noch nicht an der Seilrolle fest.

10 Das lose Ende des Kabels führen Sie jetzt durch die Rolle und das andere 90 cm lange Stück Gartenschlauch.

11 Bringen Sie das Kabel zum anderen Fixierpunkt und befestigen Sie es wie am Startbaum. Das Kabel muss sehr straff gespannt sein, bevor Sie es mit den Klemmen fixieren. Deren Abstände zueinander und zum Baum betragen wieder 15 cm. Wenn das Kabel zu lang ist, nachdem Sie die Seilklemmen festgemacht haben, schneiden Sie es mit der Kabelschere ab.

12 Den folgenden Arbeitsschritt braucht es nur, wenn Sie einen der Befestigungspunkte selbst bauen müssen:

a. Bohren Sie ungefähr 12,5 cm vor dem Ende ein 15-mm-Loch durch einen der Balken. Machen Sie das Loch durch die schmalere Seite des Balkens. Stecken Sie die geschmiedete Ringschraube durch das Loch und befestigen Sie Unterlegscheibe und Mutter mit dem 12-mm-Steckschlüssel. Siehe **Ringschraube am Pfosten befestigen.**

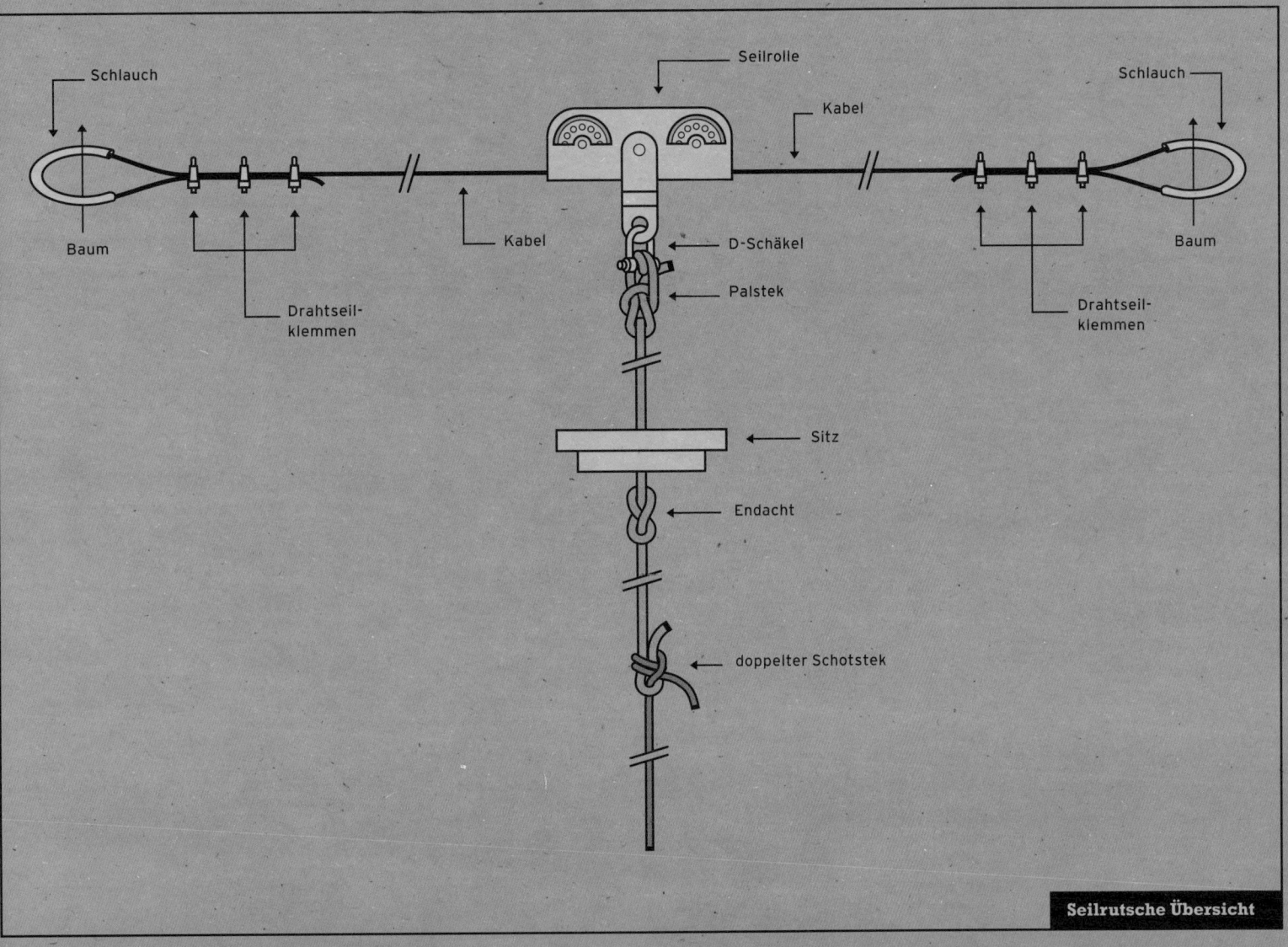

Seilrutsche Übersicht

Labels in figure:
- Seilrolle
- Schlauch
- Kabel
- D-Schäkel
- Baum
- Palstek
- Kabel
- Drahtseil- klemmen
- Sitz
- Endacht
- doppelter Schotstek
- Schlauch
- Baum
- Drahtseil- klemmen

b. Graben Sie ein etwa 75 cm breites und 1,5 m tiefes Loch.

c. Zentrieren Sie den Balken im Loch so, dass die Augenschraube oben ist und dem anderen Ankerpunkt gegenüberliegt.

d. Fixieren Sie den Balken mit den Pfählen, damit er beim Ausgießen aufrecht steht. Nun wird der Zement angemischt und das Loch ausgegossen. Beachten Sie bezüglich Bindezeit die Anleitung auf der Verpackung. Bevor der Zement nicht voll abgebunden hat, darf das Seil nicht belastet werden.

e. Wenn der Zement abgebunden hat, befestigen und spannen Sie die Seilrutsche. Statt des Gartenschlauchs nehmen Sie aber ein Schraubglied und eine Drahtseilkausche zum Befestigen an der Ringschraube. Die Drahtseilkausche passt perfekt in die Schlaufe des Stahlseils und verhindert, dass das Schraubglied eingezwickt wird. Achten Sie darauf, dass das Schraubglied in der Kausche hängt. Siehe Abbildung **c**.

13 Nachdem das Seil gespannt ist, hängen Sie den Sitz mit dem D-Ring in die Seilrolle. Prüfen Sie, ob bei der Seilrutsche alles funktioniert, und kontrollieren Sie, ob die Fluglinie ohne Hindernisse ist. Jetzt wird getestet. Ziehen Sie den Sitz zum Start und lassen Sie ihn los. Er sollte sich relativ langsam zur anderen Seite bewegen. Keine Angst – mit Gewicht geht es viel schneller.

14 Nun die Qualitätskontrolle: Stellen Sie an beiden Seilenden eine Person auf und gehen Sie mit dem Sitz und der Seilrolle zur Mitte der Bahn. Belasten Sie den Sitz etwas. Alles unverändert? Belasten Sie etwas stärker. Fragen Sie Ihre Beobachter an den Seilenden, ob etwas rutscht oder sich bewegt. Falls nicht, setzen Sie sich auf den Sitz und testen Sie wieder, ob alles fest sitz. Nun hüpfen Sie auf dem Sitz herum. Bewegt sich weiterhin nichts, können Sie nun einen Testpiloten auf Jungfernfahrt schicken.

15 Wenn Ihr Testpilot zu schnell ist für eine sanfte Landung, senken Sie das Seil am Startpunkt etwas und versuchen es noch einmal. Sobald Sie den optimalen Gleitwinkel eingestellt haben, schrauben Sie eine 75-mm-Holzschraube in die Rückseite des Baums direkt unter das Kabel/den Schlauch, um zu verhindern, dass sich der Winkel ändert. Lassen Sie sie 13 mm herausstehen, damit das Kabel nicht rutscht. Sie müssen für leichtere oder schwerere Kinder die Bahn vielleicht steiler oder flacher machen. Fügen Sie für jede weitere Kabelposition eine 75-mm-Holzschraube hinzu.

16 Zum Schluss machen Sie einen einfachen (oder zur zusätzlichen Sicherheit einen doppelten) Schotstek, um das 6-mm-Seil ans Seilende unter den Sitz zu binden. Das hilft den Fahrern, den Sitz zu greifen und zurück zum Start zu ziehen.

17 Und losgerutscht!

a

b

c

Die Ringschraube am Pfosten befestigen

BAUMHAUS

Ich wette, Ihre Kinder hätten gern einen Platz für sich ganz allein. Wie bitte? Noch nicht mal zwölf und zu jung zum Ausziehen? Also, dann vielleicht einfach ein Platz, um sich zurückzuziehen … und zum Werfen von Wasserbomben! Am wichtigsten ist natürlich die Lage. Ich empfehle eine große Astgabel eines gesunden, starken Baums. Das ist eine Spitzenimmobilie! Und sie kennen auch schon die Nachbarschaft. Ich sag's Ihnen, sie werden die Aussicht lieben. Da sollten sie gleich ihren Bauunternehmer anrufen. Und das sind Sie!

SCHWIERIGKEITSGRAD:
anspruchsvoll

ZEITAUFWAND:
ein Wochenende

MATERIAL:

2 Bretter (Eiche, Lärche oder druckimprägniertes Holz), 240 × 10 cm, 5 cm dick

12 Bretter (Eiche, Lärche oder druckimprägniertes Holz), 300 × 15 cm, 5 cm dick, als Träger

2 Sperrholzbodenplatten, 25 mm, 120 × 240 cm

9 Bretter (Eiche, Lärche oder druckimprägniertes Holz), 300 × 10 cm, 5 cm dick

Strapazierfähiger Maschendraht oder Baugitter, 1,2 × 9 m

BEFESTIGUNGSMATERIAL:

Holzschrauben, 75 mm (200er-Schachtel)

6 Sechskantschrauben, 12 × 150 mm, mit U-Scheiben

WERKZEUGE:

Bohrmaschine mit Kreuzschlitz-Bit und 6-mm-Bohrer

Kreissäge

Hochleistungstacker und 10-mm-Klammern

Steckschlüssel mit 12-mm-Nuss

1 Als Erstes suchen Sie einen passenden Baum mit drei oder mehr eigenständigen Ästen, die mindestens 15 cm dick sind und von derselben Stelle des Stammes ausfächern.

2 Bauen Sie eine Leiter in die Baumkrone, indem Sie aus den 2,4 m langen Brettern die benötigte Anzahl 30-cm-Stücke zuschneiden. Befestigen Sie die Sprossen in Abständen von rund 30 cm mit 75-mm-Holzschrauben am Baum. Bringen Sie dabei die Schrauben in der Sprossenmitte in einem Dreieck an, die Abstände groß genug, dass die Sprosse sich nicht dreht, wenn sie belastet wird, aber auch nicht so weit auseinander, dass die Schrauben aufgrund der Rundung des Baumes nicht mehr richtig greifen.

3 Nun wird einer der 3 m langen Träger an zwei der ausgewählten Äste fixiert. Der Träger sollte auf der äußeren Seite der Äste sein (vom Stamm weg), und die Enden sollten nur etwa 15 cm über die Äste hinausstehen. Befestigen Sie den Träger provisorisch mit je einer 75-mm-Holzschraube an beiden Ästen. Achten Sie darauf, dass der Träger senkrecht über dem Boden ist. Wenn nicht, legen Sie etwas unter. Dann bohren Sie mit dem 6-mm-Bohrer Löcher für die 15-cm-Sechskantschrauben vor. Das Loch sollte an der stärksten Stelle des Asts gebohrt werden. Vergessen Sie nicht die U-Scheiben für die Sechskantschrauben, und versenken Sie sie mit dem Steckschlüssel so tief wie möglich in den Baum, um den Träger dauerhaft zu befestigen (das heißt, Sie treiben die Schraube in den Träger, bis ihr Kopf bündig mit der Oberfläche des Trägers ist, da wir einen weiteren Träger darauf befestigen müssen).

4 Befestigen Sie wie vorher zwei weitere 3 m lange Träger am Baum. Achten Sie darauf, dass die Träger wieder exakt senkrecht über dem Boden sind. Dort wo sich die Enden ihrer Träger überkreuzen, markieren

Sie die Stellen, bringen das Holz wieder zur Werkbank und schneiden es mit der Kreissäge ab. Siehe die Skizzen **Träger ausgleichen** und **Träger zurechtschneiden**.

5 Nun sollten Sie einen dreieckigen Unterbau haben und jeder der drei Träger sollte an zwei Stellen mit Sechskantschrauben und U-Scheiben am Baum befestigt sein. Wo sich die Enden der Bretter berühren, schrauben Sie sie mit 75-mm-Holzschrauben aneinander. Siehe Abbildung **a**.

6 Nun verbinden Sie alle Teile Ihres Unterbaus mit weiteren Hölzern als Querträger. Platzieren Sie sie alle 40 cm parallel zu einer der Außenkanten und treiben Sie drei 75-mm-Holzschrauben von außen durch den Unterbau, um sie festzumachen. Siehe Abbildung **b**.

7 Mit einer 25-mm-Bodenplatte decken Sie möglichst viel vom Unterbau ab. Befestigen Sie sie mit 75-mm-Holzschrauben alle etwa 45 cm den Querträgern entlang. Versuchen Sie die Bodenplatte so zu legen, dass eine Kante genau auf der Mittellinie eines Querträgers aufliegt. Fügen Sie notfalls einen Querträger unter der Kante der Bodenplatte hinzu. Belegen Sie den gesamten Unterbau bündig bis zum Rand, lassen Sie aber ein etwa 45 cm großes Loch beim Lieblingsast Ihrer Kinder, damit sie von unten ins Fort einsteigen können. Dieses sollte aber nicht so groß sein, dass sie durchfallen könnten.

8 Nun bringen wir in 1 m Höhe noch ein Geländer an. Wir nehmen weitere 3-m-Balken und befestigen Sie an denselben Ästen wie den Unterbau. Wieder bilden wir ein Dreieck, befestigen die Bretter aber diesmal mit 75-mm-Holzschrauben an den Ästen. Die Balken müssen in gleicher Höhe sein. Zuletzt schrauben wir sie an den Ecken mit je drei 75-mm-Holzschrauben zusammen.

9 Nun wickeln Sie den Maschendraht um Geländer und Unterbau, ziehen ihn straff und klammern ihn oben und unten alle 5 cm fest. Die Klammern setzen Sie in einem 45 Grad Winkel (schräg zur Zugrichtung des Maschendrahts), um ihnen mehr Stabilität zu geben. Siehe Abbildung **c**. Überstehendes abschneiden.

10 Schließen Sie den Bau ab, indem Sie die Holzbalken alle 15 cm mit 75-mm-Holzschrauben an den Außenseiten von Geländer und Unterbau befestigen. Das fixiert nicht nur den Maschendraht, sondern gibt auch dem Geländer und dem Unterbau Stabilität.

11 Jetzt laden Sie Ihre Kinder ein, die Aussicht von ihrer Baumempore zu genießen. Und erinnern Sie sie daran, ihrem Bauunternehmer für seine harte Arbeit zu danken!

Träger ausgleichen

Unterlegen Sie den Träger so mit einem Stück Abfallholz, dass seine Seiten lotrecht zum Boden sind.

Träger zurechtschneiden

Legen Sie die Hölzer jeweils aufeinander, markieren und schneiden Sie.

STUNTMANPUPPE ODER SCHNEE-MONSTER

Es gibt Kunststücke, die einfach kein Sterblicher probieren sollte. Dafür brauchen Sie ein Double, das einen Sturz aushält, ohne sich etwas zu brechen. Auftritt: Stuntmanpuppe oder Schneemonster! Er ist lebensgroß, mit Baumwolle ausgestopft und perfekt, um von Klippen zu springen oder einen Haufen von zehn Kindern zu überleben.

SCHWIERIGKEITSGRAD:
anspruchsvoll (oder äußerst anspruchsvoll für den Hässlichen Schneemann)

ZEITAUFWAND:
ein Wochenende

MATERIAL FÜR DIE STUNTMANPUPPE:

Dunkler Filzstoff, 1,8 m (damit man Schmutz und Dreck darauf nicht so gut sieht)

2 größere Knöpfe für die Augen

1 kleinerer Knopf für die Nase

Polyester-Hohlfaser- oder Baumwollfüllung, 2,3 kg

MATERIAL FÜR DAS SCHNEEMONSTER:

Weißer Kunstpelz mit 40-mm-Flor, 1,8 m lang

Schwarzer Kunstpelz mit 6-mm-Flor, 23 cm lang, für Hand- und Fußballen

Grauer Kunstpelz mit 20-mm-Flor, 23 cm lang, für den Gesichtsbereich

Grauer Filz, 23 cm lang, für Klauen, Lippen und Gesicht, weißer Filz für Augen und Zähne und schwarzer Filz für Augen, Nase und Mund

Polyester-Hohlfaser- oder Baumwollfüllung, 2,3 kg

BEFESTIGUNGSMATERIAL:

Ca. 20 große Sicherheitsnadeln

Faden, der zur Farbe Ihres Materials passt (1 Spule)

Weißer Faden, um den Mund zu nähen (1 Spule)

WERKZEUGE:

Schere

Nähmaschine

Zusätzliche Nähmaschinennadeln, für alle Fälle

Großer schwarzer Filzstift oder Kreide, um den Filz zu markieren

Lineal

ANLEITUNG:

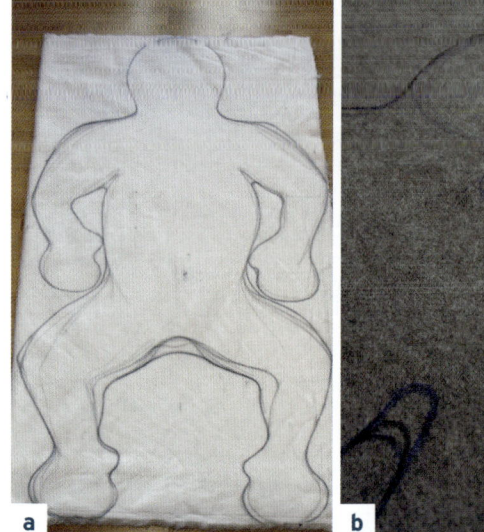

a

b

1 Falten Sie den Filz oder Kunstpelz längs in der Mitte (wenn Sie Pelz nehmen, muss die Pelzseite innen sein).

2 Lassen Sie ein Kind sich auf den Stoff legen, die Beine etwas auseinander. Kopf und Füße des Kindes müssen auf den Stoff passen. Malen Sie den Körperumriss auf den Stoff wie bei einer Tatortskizze. Um den ganzen Umriss müssen mindestens noch 2,5 cm Stoff verbleiben. Siehe Abbildung **a**.

3 Entlang Rumpf, Glieder und Kopf heften Sie die beiden Stofflagen mit Sicherheitsnadeln zusammen. Die Nadeln müssen nahe der Innenkante der Kontur sein. Siehe Abbildungen **b**, **c** und **d**.

4 Mit einer guten Schere schneiden Sie den Körperumriss aus, halten dabei aber immer einen Abstand von 2,5 cm zur Linie. Siehe Abbildungen **e** und **f**.

5 Für den Schneemann nähen Sie auf eine der Pelzseiten Pfoten mit Klauen auf die Hände und Füße. Auf die Pelzseite des anderen Stücks nähen Sie ein Gesicht. Das Gesicht und die Pfoten sollten nicht auf demselben Stoffstück sein. Siehe Abbildungen **g**, **h** und **i**. Nun heften Sie die beiden Stücke Stoff mit dem Fell innen (linksherum) zusammen.

6 An einem Ohr beginnend, nähen Sie mit der Nähmaschine die beiden Filz- oder Pelzteile zusammen. Nähen Sie um den ganzen Körper herum bis zum anderen Ohr, lassen Sie die Kopfoberseite aber offen. Die Linie, die Sie ursprünglich gezogen haben, ist eine gute Orientierung. Richten Sie sie an der Außenkante des Nähfußes aus. Nähen Sie etwa 2 cm neben der Linie und lassen Sie 5 mm als Rand. Vergessen Sie nicht, am Anfang und am Ende zur Verstärkung gut zu vernähen. Es ist auch empfehlenswert, in den Achselhöhlen und im Schritt doppelt zu nähen, denn diese Stellen werden stark strapaziert. Siehe Abbildung **j**.

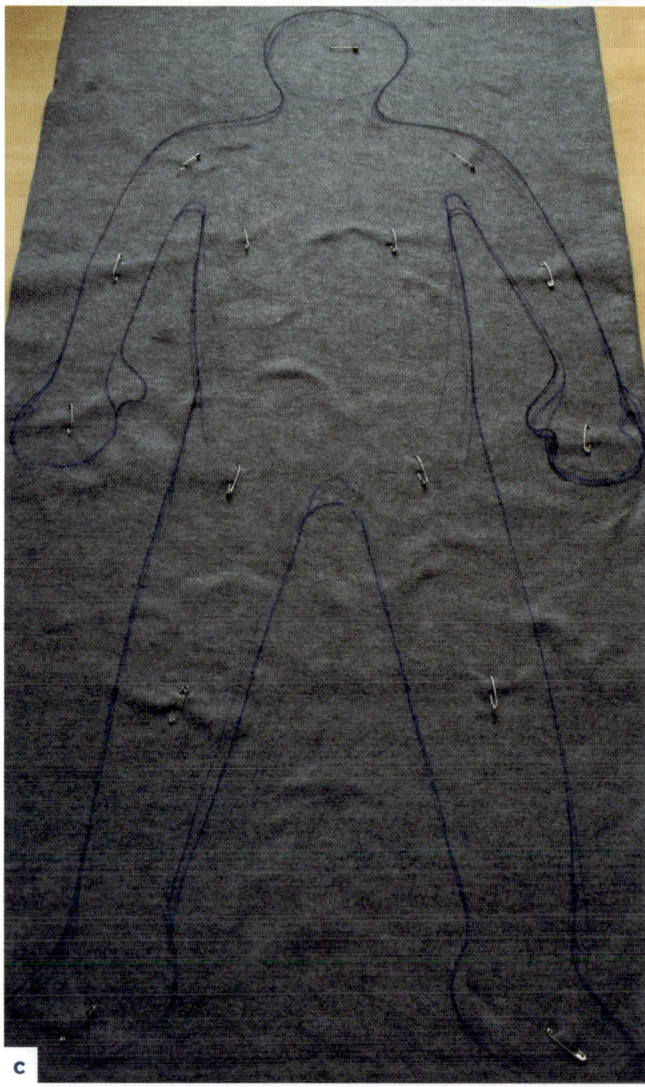

c

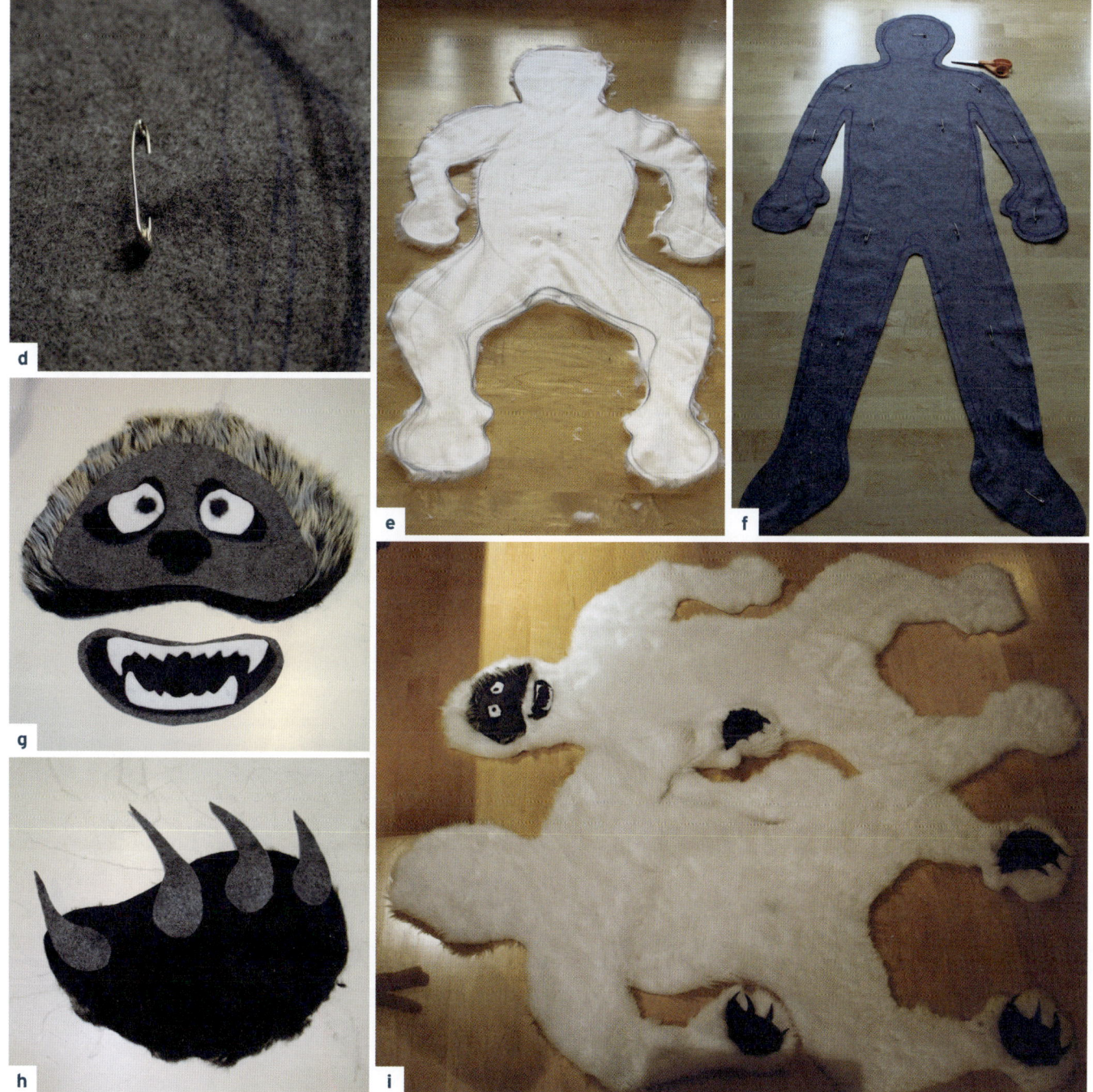

d

e

f

g

h

i

j

k

l

m

n

7 Stülpen Sie die Körperform um, sodass die rechte Seite außen zu liegen kommt. Siehe Abbildung **k**.

8 Bei der Stuntmanpuppe nähen Sie jetzt das Gesicht auf: Nähen Sie mit dem dunkleren Faden die größeren Knöpfe für die Augen an. Dabei können Sie Ihre Puppe ausgestalten, wie es Ihnen gefällt (statt Knöpfen können Sie die Augen auch aufmalen, offen oder geschlossen oder nur eines geschlossen, wie bei einem Zwinkern). Nähen Sie den kleineren Knopf für die Nase an. Dann malen Sie mit Stift oder Kreide, je nachdem, was man besser sieht, ein breites Lachen auf. Siehe Abbildung **l**.

9 Mit weißem Faden nähen Sie sechs bis acht Mal über die Mundlinie, damit sie gut sichtbar wird. Dann können Sie noch sieben Stiche quer dazu setzen (das bringt Glück – er könnte es brauchen). Siehe Abbildung **m**.

10 Knochen hat unser Mann zwar nicht, aber er braucht doch Innereien. Mit 40 bis 50 cm langen Stücken Füllmaterial (siehe Abbildung **n**) fangen wir an, zuerst Hände und Füße zu stopfen. Am besten nimmt man das Füllmaterial an einem Ende und stopft es in die Gliederenden. Mit dem Lineal drückt man es dann in die kleinen Hohlräume. Entscheiden Sie selbst, ob Sie den Kerl muskulös oder knuffig wollen. Je mehr Füllung, desto muskulöser wird er. Dann macht es mehr Spaß, mit ihm zu raufen, und die langen Stürze wirken lebensechter. Mit weniger Füllung kann man ihn leichter herumschmeißen.

11 Gut, Herr Doktor – Zeit, den Patienten zuzunähen. Stopfen Sie die gewünschte Menge Füllung in die Kopfform, dann pressen Sie die Füllung etwas nach unten in den Hals, um das Kopfende zunähen zu können. Falten Sie die beiden Säume nach innen und nähen Sie das Stück von Hand oder, wenn genug Platz dafür ist, mit der Maschine zu. Ist alles dicht, drücken Sie die Füllung wieder in den Kopf.

12 Um dem Kerl etwas mehr Kontur zu geben, nähen Sie Falten als Gelenke. Dazu braucht man nur die Füllung etwas beiseitezudrücken und senkrecht zum Außenrand

der Puppe eine Naht zu machen. Auf diese Weise kann man Daumen und Füße, aber auch Ellbogen und Knie machen. Siehe Abbildung o.

13 Bereit für Action! Von nun an kann jede brillante, hirnrissige oder fragwürdige Idee Ihrer Kinder mit einem weitgehend unzerstörbaren Double ausprobiert werden. Die Krankenkasse Ihrer Familie wird es Ihnen danken.

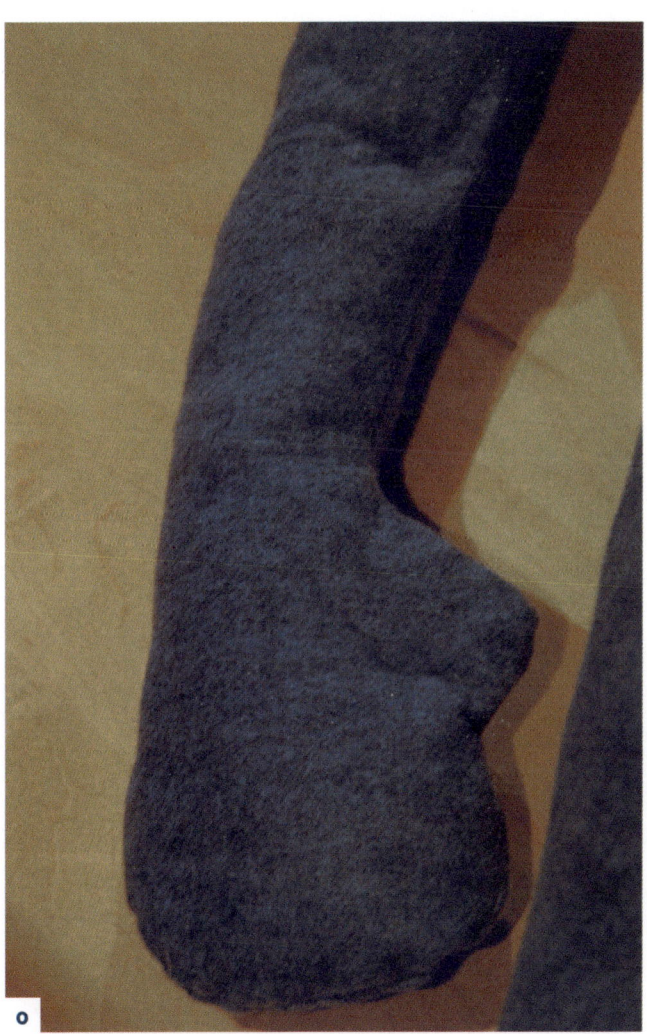

o

LEUCHTKASTEN

Ein Nachtlicht ist schon okay, aber wäre ein Zauberkasten, mit dem man von tief unten an die Oberfläche des Meeres oder durch einen nebligen Wald aus Kiefern und Fichten blicken könnte, nicht viel cooler? Wie wäre es, wenn Sie hinauf ins Weltall oder hinunter auf den Erdball blicken könnten? Das ist kein Plasmafernseher, aber genauso toll. Jedes hochauflösende Foto kann in ein erstaunliches beleuchtetes Fenster verwandelt werden, das eine von Ihnen gewählte Welt zeigt. Auf Wiedersehen, Nachtlicht, hallo, Wunderwelt – ich meine Leuchtkasten.

SCHWIERIGKEITSGRAD:
äußerst anspruchsvoll

ZEITAUFWAND:
ein Wochenende

MATERIAL:

Fotodruck auf Backlit-Folie, etwa 50 × 63 cm (Von einem Foto aus Ihrer Sammlung in einem Copyshop hergestellt – mehr dazu in der Anleitung. Achtung: Normformate beachten, allenfalls muss die Folie auf das Maß des Leuchtkastens zugeschnitten werden.)

1 Brett (Kiefer oder Fichte), 250 × 15 cm, 2,5 cm dick

2 Plexiglasplatten, 3 mm, zugeschnitten auf 50 × 63 cm (eine weiß, eine durchsichtig)

1 Brett (Kiefer oder Fichte), 60 × 15 cm, 2,5 cm dick

2 Fassungen für 60-cm-Leuchtstoffröhren (Jede muss zwei Röhren haben. Normmaße beachten.)

1 mitteldichte Holzfaserplatte, 19 mm (MDF-Platte), zugeschnitten auf 50 × 62 cm

Stromkabel, Länge 2,5 m

4 neutralweiße Leuchtstoffröhren, 60 cm, sogenannte T8- bzw. T26-Röhren

BEFESTIGUNGSMATERIAL:

Holzleim

20 Drahtstifte, 50 mm

8 Holzschrauben, 40 mm

4 Sätze Schlossschrauben, 40 mm, mit Muttern und U-Scheiben

Lüsterklemmen

WERKZEUGE:

Tischkreissäge

Hammer (oder Druckluftnagler, falls verfügbar)

1 Kartusche Druckluft

Spülmittel, Wasser und ein weiches Frotteetuch zum Reinigen von Plexiglas

Kreppband

Bohrmaschine mit Kreuzschlitz-Bit, 6 mm- und 3-mm-Bohrer

Abisolierer

Isolierband

Kappsäge

Steckschlüssel mit 12-mm-Nuss

ANLEITUNG:

1 Suchen Sie zuerst ein Foto, das als Backlit-Druck gut aussieht. Öffnen Sie es mit einem Bildbearbeitungsprogramm und vergewissern Sie sich, dass es eine Auflösung von 3000 × 3750 bis 6000 × 7500 Pixel hat (150 bis 300 dpi), wenn Sie es auf das angegebene Format bringen wollen (je höher die Auflösung, desto besser wird die Qualität des Drucks; 150 dpi reicht aber, um von der gegenüberliegenden Zimmerseite aus noch etwas zu erkennen). Speichern Sie das Foto auf einen USB-Stick oder eine CD und lassen Sie im Copyshop einen Backlit-Druck (auch Backlight-Druck genannt) anfertigen.

2 Für den Kasten schneiden wir mit der Kappsäge aus dem 2,5 m langen Brett die Seitenteile zu. Die Teile erhalten an den Schmalseiten eine Gehrung von 45 Grad. Schneiden Sie zwei Teile so zu, dass sie zwischen den inneren Gehrungskanten 50 cm messen. Das werden die kurzen Seiten des Leuchtkastens.

3 Für die langen Seiten des Leuchtkastens schneiden Sie zwei Stücke mit derselben Gehrung zu, die zwischen den inneren Gehrungskanten 62 cm messen. Siehe Abbildung **a.**

4 Mit der Tischkreissäge, der Parallelanschlag auf 13 mm eingestellt, die Schnitttiefe auf 6 mm, schneiden wir der Länge nach eine Nut in jene Seiten des Leuchtkastens, die nach innen zu liegen kommen (die Innenseiten der angeschrägten Kanten müssen nach unten auf der Tischkreissäge aufliegen und das Holz muss bündig mit dem Anschlag sein). Siehe Abbildung **b.**

5 Verschieben Sie den Parallelanschlag um weitere 2 mm und schneiden Sie die Bretter erneut. Wir brauchen eine gut 6 mm breite Nut. Wenn Ihr Sägeblatt 2 mm dick ist, müssen Sie den Anschlag drei Mal einstellen und die Bretter schneiden. Siehe Abbildung **c.** In die Nut wird dann das Plexiglas eingesetzt.

6 Nehmen Sie eine kurze und eine lange Seite des Rahmens, legen Sie sie Kante gegen Kante haltend im rechten Winkel aneinander und prüfen Sie, ob die Nuten passen. Leimen Sie die Kanten und fixieren Sie sie alle 2,5 cm mit Drahtstiften.

7 Auf die gleiche Weise bringen Sie die andere kurze Seite des Rahmens an, sodass Sie drei Seiten des Kastens haben. Prüfen Sie wieder, ob die Nuten passen. Nun legen Sie den Kasten mit der langen Seite nach unten gerichtet auf die Arbeitsfläche.

8 Inzwischen sollte Ihnen der Backlit-Druck vorliegen. Sorgen Sie dafür, dass der Druck und die beiden Plexiglasscheiben absolut sauber sind: Restlichen Staub entfernen Sie mit Druckluft, das Plexiglas reinigen Sie notfalls mit mildem Spülmittel, Wasser und einem weichen Tuch (verwenden Sie weder Glasreiniger auf Ammoniakbasis noch Papiertücher). Wenn alles sauber und trocken ist, legen Sie den Druck zwischen die beiden Plexiglasscheiben, mit der weißen Scheibe zur Innenseite des Kastens gerichtet. Alles muss bündig sein, damit seitlich kein Licht nach außen dringt.

9 Nun schieben Sie die beiden Plexiglasscheiben mit dem Druck dazwischen (bedruckte Seite nach außen) in die Nut des Holzkastens. Wenn alles sitzt, halten Sie die beiden Schmalseiten des Kastens mit Kreppband zusammen. Siehe Abbildung **d.**

10 Nehmen Sie die verbliebene lange Seite des Kastens und befestigen Sie sie, wie in Schritt 6 beschrieben.

11 Halbieren Sie nun das 60-cm-Brett der Länge nach. Das werden die hinteren Anschläge, an denen die Rückseite des Leuchtkastens anliegen wird.

12 Säubern Sie Ihre Arbeitsfläche und Sie legen den Leuchtkasten mit dem Foto nach unten darauf. Die hinteren Anschläge werden innen an den langen Seiten

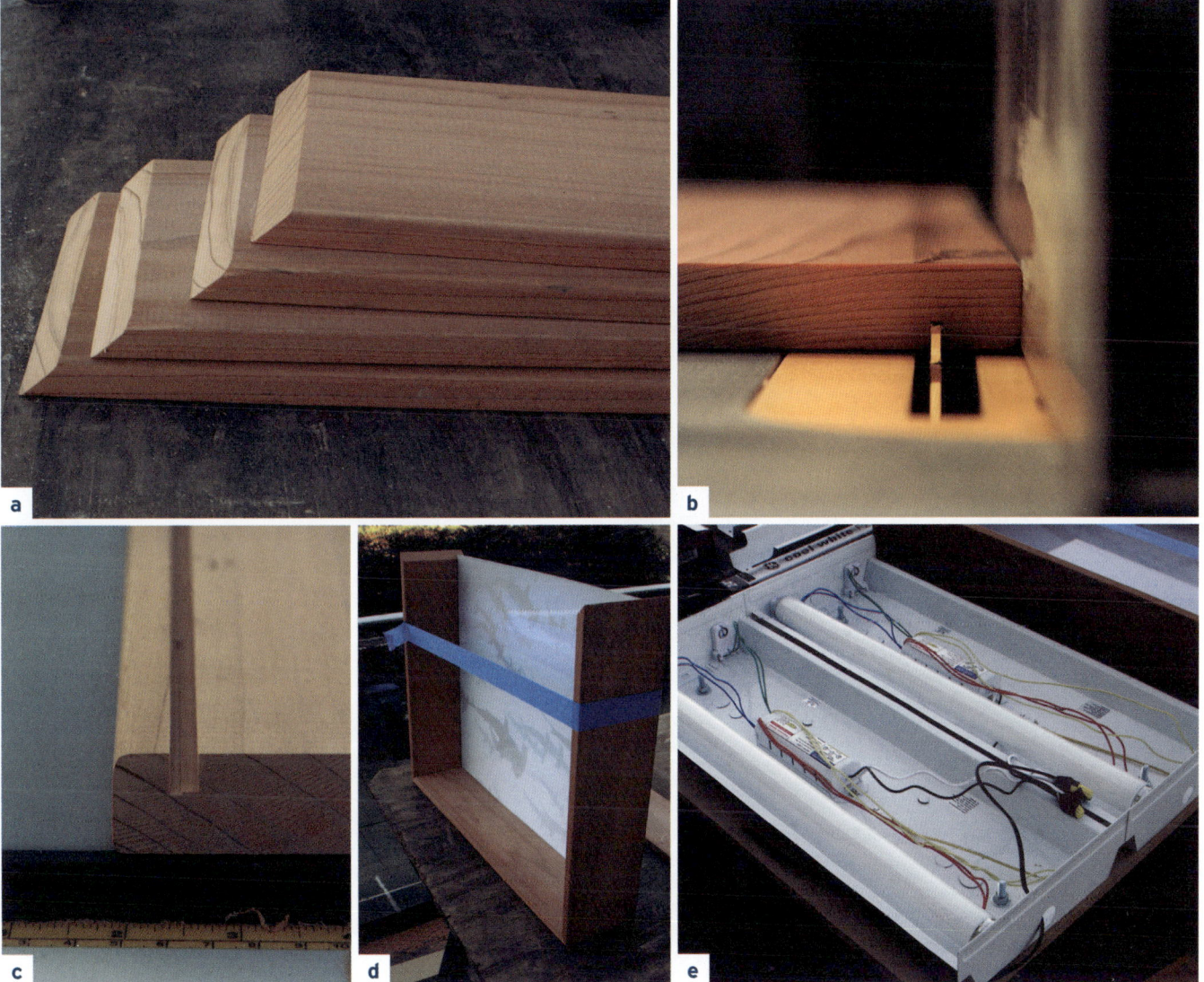

des Leuchtkastens befestigt. Zentrieren Sie die Anschläge im Abstand von 1,9 cm zur späteren Hinterkante des Kastens und befestigen Sie sie jeweils mittig, 5 cm von den Enden entfernt mit 40-mm-Holzschrauben.

13 Legen Sie die beiden Leuchtstofflampen so auf die MDF-Platte, dass sich ihre Längsseiten berühren. Der Abstand zur Längsseite der MDF-Platte sollte jeweils 1,9 cm betragen und zur Schmalseite 6 mm.

14 Wenn die Lampen richtig ausgerichtet sind, bohren Sie 6-mm-Löcher durch alle Montagelöcher der Gehäuse. Jedes Gehäuse sollte zwei Montagelöcher haben. Siehe Abbildung **e**.

15 Bohren Sie noch ein Loch in die MDF-Platte, 2,5 cm neben der Mitte der Längsseite. Hier tritt das Stromkabel aus dem Leuchtkasten. Siehe Abbildung **f**.

f

g

h

16 Nun werden noch vier 3-mm-Montagelöcher in die MDF-Platte gebohrt, jeweils 13 mm vom Rand der Längsseite entfernt und 15 cm von den Enden.

17 Schieben Sie von unten durch die MDF-Platte in jedes der Montagelöcher eine Schlossschraube und befestigen Sie das Lampengehäuse mit dem Steckschlüssel mit jeweils einer Mutter und einer Unterlegscheibe.

18 Führen Sie das Stromkabel durch das Loch; der Stecker muss außerhalb des Kastens sein. Schieben Sie etwa 7 bis 10 cm des Kabels durch das Loch am Ende des nächstgelegenen Gehäuses. Siehe Abbildung **f** und **g.**

19 Trennen Sie am Ende des Kabels die zwei Adern und isolieren Sie sie ab, um den Draht freizulegen. Suchen Sie nach zwei schwarzen Drähten, die aus den Lampen kommen. Isolieren Sie auch die ab und verbinden Sie beide mit der beschrifteten Ader des Stromkabels mittels Lüsterklemme. Umwickeln Sie die Klemme und die Drähte mit etwas Isolierband.

20 Isolieren Sie die Enden der weißen Drähte und des anderen Drahts des Stromkabels ab und verbinden Sie sie wie gehabt.

21 Legen Sie alle vier Röhren ein, testen Sie sie und stecken Sie das Kabel wieder aus.

22 Nun bauen Sie die Lampen in den Kasten ein, wobei die MDF-Platte auf den Anschlägen aufliegt. Prüfen Sie, ob das Foto mit der richtigen Seite nach oben liegt, wenn das Stromkabel an der Kastenrückseite nach unten weist.

23 Schrauben Sie zuletzt 40-mm-Holzschrauben durch die 3-mm-Löcher auf der Rückseite der MDF-Platte. Siehe Abbildung **h.**

24 Nun hängen Sie den Kasten wie ein Bild an die Kinderzimmerwand oder stellen ihn auf den Schreibtisch Ihres Kindes. Machen Sie das Licht aus und stecken Sie den Leuchtkasten ein. Echt stark, oder?

HALFPIPE

Finden Ihre Kinder nur schwer einen Ort zum Skaten? Sind Sie es leid, von Polizisten und Typen in Golfshirts schikaniert zu werden? Der coole Entwässerungsgraben liegt vielleicht einfach zu weit weg, oder sie würden sich zwischen den Ausflügen in den Großstadtdschungel gern irgendwo treffen. Wenn Sie zu Hause über genügend Platz verfügen, ist eine Halfpipe die Antwort – und nichts ist besser, als sie selbst zu bauen. Zudem habe ich ein Modell konstruiert, das aus drei Teilen besteht, zwei Rampen und einer flachen Fahrbahn. Dadurch ist sie viel leichter abzubauen, wenn die Einfahrt ihrem ursprünglichen Zweck dienen soll (etwa zum Einparken in der Garage). Ansonsten wird Ihr Haus zum neuen Kindertreff. Steht die Halfpipe erst, werden sie in Scharen kommen!

SCHWIERIGKEITSGRAD:
äußerst anspruchsvoll

ZEITAUFWAND:
ein Wochenende

MATERIAL:

2 Sperrholzbodenplatten, 122 × 244 cm, 2 cm dick

30 Bretter (Kiefer oder Lärche), 244 × 10 cm, 5 cm dick

12 druckimprägnierte Bretter (Kiefer oder Lärche), 244 × 10 cm, 5 cm dick

12 Sperrholzplatten, 12 mm, Güte 1-3, 122 × 244 cm (dieses Sperrholz ist auf einer Seite glatt)

Alternativ: 5 Siebdruckplatten, 12 mm, 122 × 244 cm

2 Metallrohre, verzinkt, 40 mm Durchmesser, 244 cm lang

Hinweis:
Tragen Sie immer Handschuhe, wenn Sie mit behandeltem Holz arbeiten.

BEFESTIGUNGSMATERIAL:

Holzschrauben, 75 mm (500er-Packung)

WERKZEUGE:

Maßband

Schnur

Bleistift

Handkreissäge mit neuem Blatt

Kappsäge (optional)

Bohrmaschine mit 50-mm- und 75-mm-Kreuzschlitz-Bit und 10-mm- sowie 6-mm-Hochgeschwindigkeitsstahlbohrern

Schlagschnur

Wasser

Besen

1 Wir fangen mit den Seitenwänden der Halfpipe an. Nehmen Sie eine der 20-mm-Bodenplatten und legen Sie sie quer vor sich. Von der oberen linken Ecke messen Sie an langen Seite 40 cm ab und machen eine Markierung (Halten Sie sich für diesen und die nächsten Schritte an die **Schneideanleitung** auf Seite 130).

2 An der anderen Längsseite machen Sie, von der unteren linken Ecke an gemessen, bei 2 m eine Markierung und dort 9 cm senkrecht darüber eine weitere.

3 Nun legen Sie das Maßband an der 2-m-Markierung an und messen senkrecht nach oben einen Punkt bei 175 cm ab. Dieser Punkt ist nicht mehr auf dem Sperrholz und dient nur der Konstruktion.

4 Befestigen Sie an diesem Punkt eine Schnur – ich habe dazu eine Gripzange und eine Schraube benutzt. Siehe Abbildung **a**. Ans andere Schnurende binden Sie einen Bleistift, dessen Spitze die Marke bei 9 cm berührt. Mit ihm zeichnen Sie nun einen Bogen aufs Sperrholz, der die 9 cm Marke und die 40-cm-Marke an der oberen Kante verbindet. Siehe Abbildung **b** und **c**.

5 Schneiden Sie diese Form mit der Handkreissäge aus. Das wird die Schablone für die nächsten drei Zuschnitte mit 20-mm-Sperrholz. Siehe Abbildung **d**.

6 Nun drehen Sie die gerade zugeschnittene Seitenwand und legen Se sie auf das Reststück. Prüfen Sie, dass die beiden Ecken bündig sind, zeichnen Sie den Bogen auf und schneiden Sie ihn aus. (Für den Rest in Form eines Surfbretts finden Sie sicher eine originelle Verwendung.)

7 Verwenden Sie dieselbe Schablone, um die Form zwei Mal auf der anderen 20-mm-Bodenplatte aufzuzeichnen und auszuschneiden. Nun haben Sie vier gleiche Seitenwände.

8 Dort wo sich die waagrechte Oberkante und der gekrümmte Teil der Seitenwand (Transition genannt) treffen, schneiden Sie bei allen Seitenwänden ein Quadrat von 2,5 × 2,5 cm aus. Siehe Abbildung **e**.

9 Schneiden Sie 28 der unbehandelten Bretter auf 2,4 m ab. Ich habe jeweils drei bündig aufeinandergelegt und gleichzeitig zugeschnitten. Achten Sie darauf, dass alle exakt gleich lang sind!

10 Schneiden Sie 10 der druckimprägnierten Bretter auf 2,36 m zu und lassen Sie die beiden anderen 2,44 m lang.

11 Nun zeichnen wir die Positionen der Querträger von außen auf die Seitenwände. Markieren Sie die Kante der Transition 2 cm neben der Ecke, wo sie die 9-cm-Seite trifft. Nehmen Sie nun ein abgeschnittenes Stück Holz von den Querstreben und platzieren Sie es hochkant und bündig zur 9-cm-Kante auf das untere Ende der Transition. Zeichnen Sie diese Position an. Die Markierung, die Sie zuvor an die Kante der Transition gemacht haben, wird die Mittellinie des Querträgers, den wir bald anbringen werden. Übertragen Sie diese Mittemarkierung auf das Stück Abfallholz. Siehe Skizze **Übertragen der Mittemarkierung**.

12 Sie beginnen nun an der eben gemachten Mittemarkierung und bringen an derselben Kante die ganze Transition hoch bis zur Spitze der Rampe alle 20 cm eine Markierung an. Am Ende sollten Sie insgesamt zehn Markierungen haben.

13 Richten Sie die vier Transitions bündig aus und übertragen Sie die Markierungen auf die Kanten der anderen drei.

40,5 cm

175 cm

Halfpipe Schneideanleitung

198 cm

9 cm

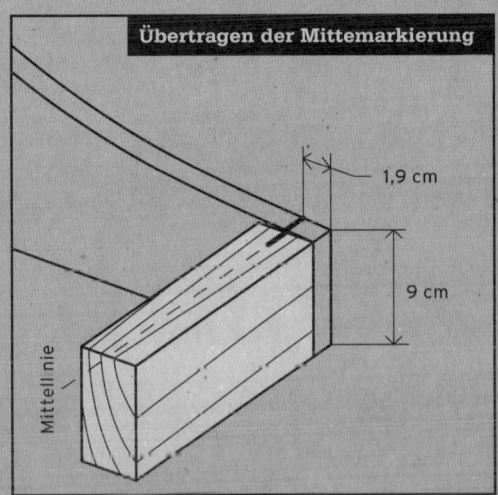

Übertragen der Mittemarkierung

1,9 cm

9 cm

Mittellinie

14 Nun zeichnen wir mit dem Abfallholz alle Querträger positionen außen auf die Seitenwände. Richten Sie die Markierung auf dem Holzstück an den auf der Transition angebrachten Markierungen aus und achten Sie darauf, dass beide Kanten bündig abschließen. Siehe Abbildung **f**.

15 Wenn Sie zur Kerbe vor der horizontalen Oberkante der Seitenwand (dem Table) kommen, legen Sie die breite Seite des 5 × 10 cm Abfallstücks bündig gegen die Transition mit der Ecke an der Kerbe und zeichnen Sie sie an. Siehe Abbildung **g**.

16 Dann platzieren Sie das Abfallholz hochkant bündig sowohl zur Oberkante der Seitenwand wie zur Kerbe, zeichnen Sie an und markieren die Mittellinie auf der Oberkante der Seitenwand. Von dieser Marke messen Sie 18 cm an der Oberkante ab und machen eine weitere Markierung, dann platzieren Sie das Stück Abfallholz wiederum hochkant in die hintere obere Ecke und zeichnen es an. Diese drei Querträger werden die Oberseite der Rampe tragen (vergleiche Abbildung **o**). Eine letzte Markierung für einen Querträger kommt hochkant in die untere, hintere Ecke der Seitenwand.

17 Denken Sie daran, diese Markierungen für die Querträger auf sämtlichen Seitenwänden anzubringen.

18 Nun folgt die Befestigung der Querträger an den Seitenwänden. Dazu wäre es toll, einen Helfer zu haben. Jedes der 5 × 10 cm Holz Abfallstücke hat eine Krümmung. Wenn wir die Halfpipe bauen, sollte diese Krümmung immer oben sein!
Sie beginnen mit den zwei äußeren unteren Querträgern, richten sie an den Bleistiftmarken außen auf den Seitenwänden aus und schrauben sie mit zwei Holzschrauben durch die Seitenwände fest. Siehe Abbildung **h**. Dann folgen die Querträger auf der Oberseite (Table) und jene der Transition. Sie werden alle auf jeder Seite mit zwei Holzschrauben befestigt. Siehe Abbildung **i**. An jenem Punkt der Transition, der 1,20 m von der Rampenoberseite entfernt ist, nehmen Sie zwei Träger. So weit reicht nämlich das erste Stück Sperrholz, weshalb es hier später eine Fuge geben wird. Bringen Sie also beidseits der 1,20-m-Marke je einen Träger an. Dasselbe machen Sie auch bei der anderen Rampe. Siehe Abbildung **j**.

g

h

i

j

19 Jetzt geht's an die waagrechte Fahrbahn, das heißt den mittleren Abschnitt zwischen den beiden Rampen. Das wird ein perfektes Quadrat von 2,44 × 2,44 m. (Dafür werden die zwei unbeschnittenen, 2,44 m langen und die zehn auf 2,36 m gekürzten druckimprägnierten Bretter benötigt.) Bilden Sie aus den beiden unbeschnittenen Brettern und zwei der auf 2,36 m gekürzten Bretter einen quadratischen Rahmen, die Bretter jeweils hochkant gestellt.

20 Legen Sie nun die restlichen Bretter im Abstand von jeweils 30,5 cm (von Mittellinie zu Mittellinie gemessen), bei der 1,20-m-Marke legen Sie jedoch beidseits der Marke je ein Brett hin, um die Kante der hier später angebrachten Sperrholzplatte zu tragen. Verbinden Sie die beiden Hölzer mit sechs Holzschrauben. Die restlichen Bretter werden wie immer mit zwei Holzschrauben pro Seite, möglichst auf der Mittellinie jedes Trägers, befestigt. Siehe Abbildung **k.**

21 Legen Sie zwei der 12-mm-Sperrholzplatten auf die Fahrbahn, die glatte Seite nach oben. Prüfen Sie, ob sie dort, wo sich die Kanten treffen, bündig mit den Kanten der Träger an der 1,20-m-Marke sind. Wenn alles passt, befestigen Sie das Sperrholz alle 30,5 cm mit Holzschrauben am Unterbau der Fahrbahn.

Ein paar Anmerkungen:
Versenken Sie unbedingt alle Schrauben auf der Lauffläche um 2 mm, indem Sie dafür die Bohrmaschine mit langsamem Drehmoment richtig fest andrücken. Eine vollkommen glatte Pipe ist das A und O, und alle vorstehenden Schraubenköpfe zu versenken Teil der Qualitätskontrolle. Das Gleiche gilt für Stellen, die wacklig oder weich zu werden drohen: Sofort reparieren! Sie richten sonst nur Schaden an, wenn man es am wenigsten erwartet, etwa dann, wenn gerade die neue Freundin oder der neue Freund Ihrer Kinder zuschaut oder wenn ihre Freunde sie auf Video aufnehmen. Ein unrühmlicher Abgang wäre da das Letzte. Es gibt Besseres, um auf YouTube bekannt zu werden …

22 Legen Sie zwei weitere 12-mm-Sperrholzplatten auf die Fahrbahn, Stoßkante senkrecht an Stoßkante. Die fertige Fahrbahn sollte so ausgerichtet werden, dass die Faser der obersten Sperrholzschicht parallel zur Fahrtrichtung verläuft. Wenn Ihre Kinder und deren Freunde nur zuschauen und warten, bis Sie fertig sind, lassen Sie sie mithelfen; sie gehören schließlich zum Skatebahn-Bautrupp. Markieren Sie noch einmal die Mittellinien der Träger und schrauben Sie alle 30,5 cm eine weitere Holzschraube ein, leicht versetzt, sodass sich die Schrauben nicht treffen. Siehe Abbildung l. Die Menge an Schrauben mag Ihnen absolut übertrieben vorkommen, aber Sie werden mir nächstes Jahr danken, wenn die Rampe noch immer hält.

23 Den Abschluss der Rampen bilden die Metallrohre. Zuerst bohrt man eine Reihe von 5-mm-Löchern ganz durch die Rohre. Messen Sie von einem Ende an und bohren Sie auf gleicher Höhe alle 30,5 cm ein Loch. 5 cm von den Rohrenden entfernt bohren Sie wieder in gleicher Höhe jeweils noch ein weiteres Loch. Bohren Sie die Löcher auf der einen Seite des Rohrs nun auf 6 mm auf. So gelangen die Schraubenköpfe durch eine Seite der Rohre hindurch, aber nicht durch die andere.

24 Legen Sie das Rohr in die Aussparung oben an der Rampe. Drehen Sie das Rohr so, dass die Löcher einen 45-Grad-Winkel zur Ecke bilden und die großen Löcher außen sind. Befestigen Sie sie mit 75-mm-Holzschrauben am darunterliegenden Querträger. Siehe Abbildung m. Wiederholen Sie die beiden letzten Schritte für die andere Rampe.

25 Nun folgen die Transitions. Nehmen Sie eine 12-mm-Sperrholzplatte und machen Sie sie nass, sie soll sich dabei richtig voll saugen – das können Sie in einem Bach oder See tun oder auch nur mit dem Gartenschlauch. Lassen Sie die Holzplatte abtropfen. Legen Sie sie dann mit der langen Kante bündig gegen das Metallgeländer und befestigen Sie sie mit einer Holzschraube 2 cm unter der Oberkante in der Mitte der Rampe (bei 2 cm sind Sie mitten im Querträger darunter). Dann bringen Sie auf gleicher Höhe alle 30,5 cm Holzschrauben an. Markieren Sie die Mitte des nächsten Querträgers mit der Schlagschnur und bringen Sie wiederum im Abstand von 30,5 cm Holzschrauben an. Trotz Befeuchten lässt sich

das Sperrholz, vor allem bei den ersten Sprossen, relativ schwer in die richtige Lage biegen. Geben Sie möglichst Gewicht auf das Sperrholz und arbeiten Sie sich von Querträger zu Querträger abwärts. Oder lassen Sie Ihren Bautrupp die Rampe auf den Rücken drehen, um mit ihrem Gewicht besser auf die ersten Sprossen einzuwirken. Siehe Abbildungen n und o.

26 Um den Rest der Rampe abzudecken, messen Sie den Abstand von der Sperrholzkante bis zum Rampenende. Übertragen Sie diese Länge mit der Schlagschnur auf eine 12-mm-Sperrholzplatte und schneiden Sie sie zu. Nehmen Sie ein Stück Sperrholz als Führung, damit der Schnitt gerade wird. Dieses Stück Sperrholz sollte 80 cm breit sein, aber messen Sie nach, damit es sicher passt.

27 Schieben Sie die Rampen und die Fahrbahn bündig zusammen. Halbieren Sie zwei der langen Bretter auf 1,20 m und schieben Sie diese so gegen beide Seiten der Halfpipe, dass sie die Fuge zwischen den Teilstücken

n | o | p

gleichmäßig überlappen. Fixieren Sie sie mit vier Holzschrauben pro Brett, in einem Zickzackmuster
angebracht, um die Teilstücke zu verbinden. Siehe
Abbildung **p**.

28 Nun kommt noch die zweite Lage Sperrholz oder für
eine erstklassige Rampe Siebdruckplatten als oberste
Lage (Letzteres wird wie das Sperrholz verarbeitet; es hat
keine Faser, daher ist auch die Richtung nicht zu beachten). Die Faser der Sperrholzplatten sollte immer parallel
zum Gefälle bzw. zur Fahrtrichtung auf der Rampe sein.
Machen Sie sie wiederum richtig nass und testen Sie.
Lassen Sie Ihren Skatebahn-Bautrupp darauf stehen
(nicht in der Mitte – fangen Sie mit einer Seite an!). Lässt
sich das Holz passend zur Form der Rampe biegen?
Wenn es absolut nicht geht, verlegen Sie es mit der Faser
quer zur Rampe. Wie auch immer, schneiden Sie zwei
Sperrholzplatten passend zu und befestigen Sie sie
dieses Mal von unten beginnend, eine Schraube alle
30,5 cm und wie vorher ausgerichtet auf die Querträger.
Die Nahtstelle zwischen dieser Sperrholzlage und der
waagrechten Fahrbahn sollte perfekt und nicht zu spüren
sein. Vergessen Sie nicht, die Holzschrauben zu versenken. Wenn sich die Platten mit der Faser parallel zum
Rampengefälle biegen lassen, brauchen Sie zwei Stück
Sperrholz à 1,20 × 1,80 m. Wenn Sie sie mit der Faser

quer verlegen, brauchen Sie eine Standardplatte von
1,20 × 2,44 m und ein Platte von 80 cm. Das sind nur
grobe Angaben. Messen Sie in beiden Fällen nach,
sodass es genau passt. Stellen Sie auf diese Weise beide
Rampen fertig.

29 Für die Oberseite der Rampen schneiden Sie aus
12-mm-Sperrholz vier Stücke von 38 cm × 2,44 m zu. Mit
einer Schlagschnur markieren Sie die Mittellinien der
Querträger darunter und schrauben die erste Holzlage
entlang dieser Linien alle 30,5 cm mit einer Holzschraube
fest. Bei der zweiten Lage verschieben Sie die Schraub-
löcher um etwa 15 cm, um nicht die Schrauben der
ersten Lage zu treffen.

30 Nun kann Ihr Skatebahn-Bautrupp mit dem Besen in
Aktion treten. Die Halfpipe muss nämlich zum Schluss
gut gekehrt werden.

31 Sie glauben es kaum, aber Sie haben tatsächlich eine
Halfpipe gebaut! Gut gemacht! Und, Kinder, greift eure
Boards, lauft die Rampe hoch und dann schallt es nur
noch: »Ich komme! Ich komme!« Ihre Kinder und deren
Freunde – davon wird es jetzt plötzlich sehr viel mehr
geben! – werden skaten, was das Zeug hält.

HÄNGEBRÜCKE

Zum wahren Dschungelabenteuer gehört eine wacklige Hängebrücke über einer gefährlichen Schlucht. Wer wagt es, sie mit klopfendem Herzen zu überqueren, während in der Tiefe das Unheil lauert? Schnappende Krokodile? Ein reißender Fluss? Oder beides! Die Brücke sieht alt aus. Wird sie halten? Wir haben keine Wahl – eine donnernde Herde wilder Nashörner ist direkt hinter uns! Also laufen wir los, aber da kommt Wind auf, die Brücke fängt an zu schwingen. Gut festhalten! Wir … müssen … es … auf … die … andere … Seite … schaffen. Beim nächsten Schritt bricht ein verrottetes Brett, fällt hinab und verschwindet hundert Meter tiefer.

Werden wir es schaffen? Wer weiß? Eines jedoch ist sicher: Diese Brücke bietet all diesen Nervenkitzel, ist dabei aber vollkommen sicher und stabil genug für viele Jahre Abenteuer im Garten.

SCHWIERIGKEITSGRAD:
äußerst anspruchsvoll

ZEITAUFWAND:
ein Wochenende

MATERIAL:

Stahlkabel, 6 mm Durchmesser, 30 m lang

Gartenschlauch, 3,6 m lang

10 Bretter aus Eiche oder druckimprägniertem Holz, 300 × 10 cm, 5 cm dick

Hanfseil, 35 mm Durchmesser, 180 m lang

Schwarze Sprühfarbe

Abfallholz, 10 cm breit, 5 cm stark (genug für eine Leiter auf den Baum als Brückenzugang)

BEFESTIGUNGSMATERIAL:

12 Bügelschrauben, 20 mm

100 Bügelschrauben, 65 mm

Etwa 500 Holzschrauben, 75 mm

WERKZEUGE:

Kabelschneider, Metallsäge oder elektrische Säge mit Metallsägeblatt

Starkes Klebeband

Teppichmesser

Steckschlüssel mit Nuss für Bügelschrauben

Schnur (als Konstruktionshilfe)

Wasserwaage

Bohrmaschine mit 6-mm-Bohrer

Kappsäge oder Handkreissäge

HINWEIS:

Details zu den hier verwendeten Knoten finden Sie auf Seite 162.

1 Suchen Sie zwei Bäume mit mindestens 25 cm Durchmesser und 9 m Abstand zueinander. Sie können die Brücke auch kürzer oder länger (bis zu 18 m) machen. Diese Anleitung geht von einer Spannweite von 9 m aus.

2 Schneiden Sie das Stahlkabel in zwei 15 m lange Stücke. Die beiden Kabelenden umwickeln Sie fest mit Klebeband, damit es nicht ausfranst.

3 Mit dem Teppichmesser schneiden Sie den Gartenschlauch in vier gleich lange Stücke.

4 Schieben Sie ein Kabelende durch eines der Schlauchstücke bis ungefähr 1,2 m Kabel auf der anderen Seite heraussteht.

5 Suchen Sie am ersten Baum eine Stelle, an der der Stamm sich gabelt. Ideal wäre eine Stelle 1,8 bis 3 m über dem Boden, und eine Lücke zwischen Ast und Stamm von 60 bis 90 cm. Wickeln Sie das Kabel so um den Baum, dass ihn nur der Schlauchabschnitt berührt und nicht das Kabel selbst, damit der Baum durch die Belastung nicht beschädigt wird.

6 Befestigen Sie die beiden Kabelenden mit drei 20-mm-Bügelschrauben aneinander. Platzieren Sie die erste 5 cm vor dem Ende des Schlauchs, die beiden anderen in je 7,5 cm Abstand. Richten Sie das Kabel so aus, dass es ungefähr 30 cm über die letzte Bügelschraube übersteht, dann ziehen Sie alle Bügelschrauben mit dem Steckschlüssel fest. Siehe Abbildung **a.**

7 Befestigen Sie das andere Seilende auf die gleiche Weise und in derselben Höhe am zweiten Baum. Bevor Sie die Bügelschrauben festziehen, prüfen Sie, ob das Kabel in der Mitte etwa 30 bis 46 cm durchhängt. Dazu spannen Sie ein Stück Schnur ganz straff zwischen den Befestigungspunkten des Kabels. In der Mitte

zwischen Schnur und Kabel können Sie messen, wie viel das Kabel durchhängt.

8 Befestigen Sie das zweite Kabel in etwa 60 cm Abstand und parallel zum ersten an den Bäumen. Lassen Sie ein Kabelende locker, um Anpassungen vorzunehmen.

9 Legen Sie die Wasserwaage über die Mitte der Kabel und passen Sie die Länge des zweiten Kabels am lockeren Ende an, bis die Kabel in der Mitte sich auf der gleichen Höhe befinden. Nun ziehen Sie den letzten Satz Bügelschrauben fest.

10 Für die Sprossen der Brücke schneiden Sie die Holzbretter in 60 cm lange Stücke. Sie benötigen davon 50 Stück.

11 Zum Anbringen der Löcher in den Sprossen benötigen Sie eine Bohrschablone. Schneiden Sie ein dünnes Stück Abfallholz auf Sprossengröße zu und ziehen Sie der Länge nach eine Mittellinie. Markieren Sie auf der Mittellinie die Stellen für die Löcher so, dass die Mitte der Bügelschrauben jeweils 7,5 cm von beiden Schmalseiten entfernt ist. Siehe Abbildung **b.** Bohren Sie die Löcher für alle Sprossen mit derselben Schablone. Siehe **Sprossenschablone machen.**

12 Befestigen Sie die erste Brückensprosse möglichst nah am Baum. Dazu stecken Sie Bügelschrauben in die vorgebohrten Löcher der Sprosse. Platzieren Sie sie so, dass die Bügel über je einem Kabel sitzen. Siehe Abbildung **c.** Nun machen Sie die Bügel fest und ziehen die Muttern an, und zwar so lang, bis der obere Teil des Bügels einsinkt und mit der Oberseite der Sprosse bündig abschließt.

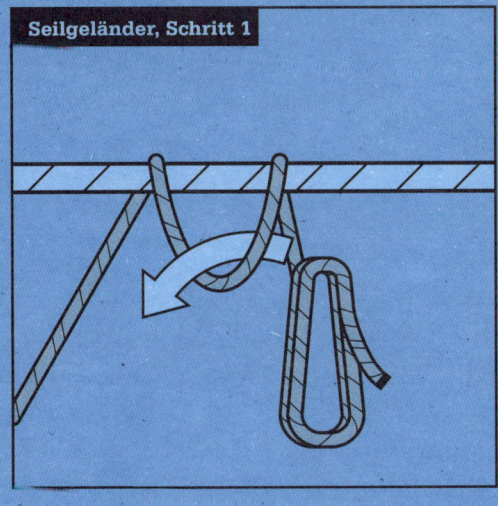

Seilgeländer, Schritt 1

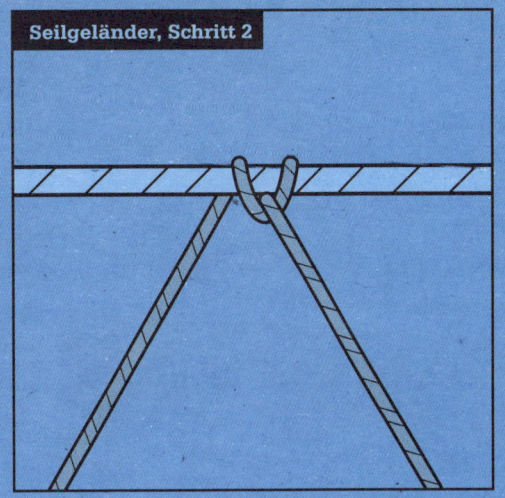

Seilgeländer, Schritt 2

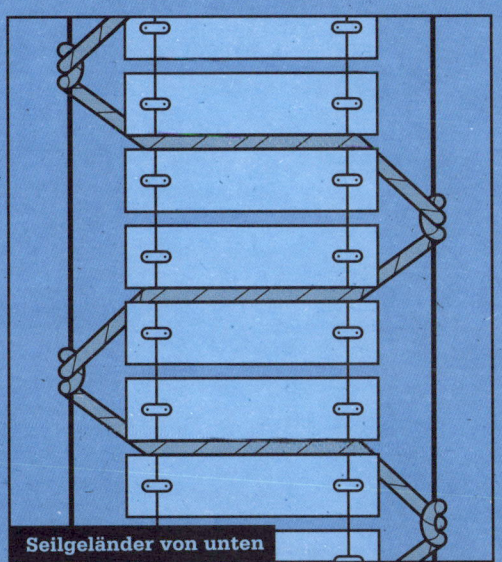

Seilgeländer von unten

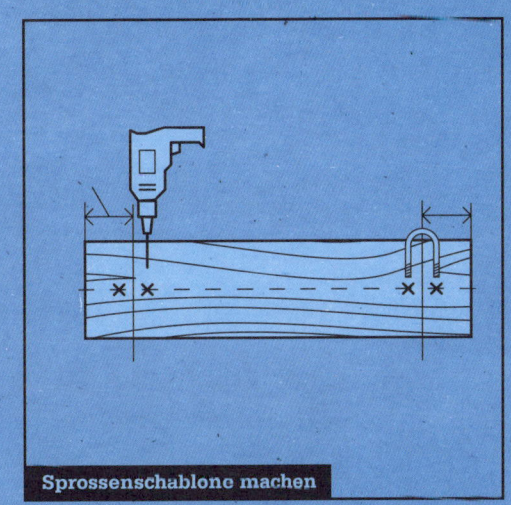

Sprossenschablone machen

a

b

13 Befestigen Sie die restlichen Sprossen auf die gleiche Art, in einem Abstand von jeweils 5 cm (nehmen Sie ein 5-cm-Distanzstück, damit alle Lücken gleich sind).

14 Schneiden Sie zwei etwa 15 m lange Seilstücke ab. Sie werden dort befestigt, wo auch die Kabel befestigt sind. Zuerst wickeln Sie jedes Seilstück drei Mal um den Baum und lassen ein Ende von etwa 1,2 m überstehen. Dann folgen Sie der Anleitung für einen Roringstek (siehe Seite 163).

15 Schlingen Sie das Seil dem Kabel entlang über und unter jede Sprosse. Siehe Abbildung c. Das Kabel trägt zwar das Gewicht der Brücke, aber es sieht aus, als würde das Seil dies tun. Auf der anderen Seite machen Sie wieder einen Roringstek. Die Seilreste auf beiden Seiten können Sie nach Belieben um den Baum wickeln und die Enden ausfransen – das gibt der Brücke ein wildes, abenteuerliches Aussehen.

16 Nun machen wir das Geländer. Schneiden Sie zwei weitere 15 m lange Seilstücke ab. Davon bleiben Ihnen rund 3 m Seil auf beiden Seiten für Knoten und zusätzliche dekorative Akzente. Mit einem Roringstek binden Sie das Seil etwa 1,2 m über der Stelle fest, an der das Kabel befestigt ist. Dasselbe machen Sie am anderen Baum, wobei Sie dafür sorgen, dass das Seil in der Mitte der Brücke um etwa 9 cm durchhängt.

17 Tun Sie dasselbe auf der anderen Seite mit dem zweiten Seil, machen Sie dabei aber am gegenüberliegenden Baum nur einen provisorischen Knoten. Legen Sie die Wasserwaage über die Mitte der beiden Geländer, justieren Sie die Höhe des Geländers und befestigen Sie das Seil erst dann mit dem Roringstek.

18 Nehmen Sie nun den Rest des Seils (etwa 120 m) Machen Sie über dem Geländer einen Roringstek um den Baum. Mit diesem Seil werden die senkrechten Streben zwischen der Brücke und dem Geländer hergestellt, wobei wir unter der Brücke hindurch von einer Seite zur anderen wechseln.

19 Zuerst führen wir das Seil unter der ersten Sprosse hindurch und dann hoch; dort legen wir eine lose Schlaufe über das Geländer und führen das restliche Seil durch sie hindurch. Siehe **Seilgeländer, Schritt 1 und 2** sowie Abbildung **d.** Zwei Sprossen überspringen Sie und führen das Seil dann wieder nach unten zwischen den Sprossen drei und vier hindurch, auf der anderen Seite der Brücke nach oben und wickeln es wie beschrieben um das gegenüberliegende Geländer usw. Siehe auch **Seilgeländer von unten gesehen.** Wenn Sie das andere Ende der Brücke erreicht haben, binden Sie das Seil über dem Geländer an dem Baum fest, wo es am besten passt.

20 Sie haben's geschafft! Um die Sicherheit der Brücke zu testen und zu prüfen, ob alle Verbindungen halten, hüpfen Sie auf der Brücke auf und ab. Fangen Sie vorsichtig an!

Mit der Sprühfarbe färben Sie zuletzt alle frei liegenden Metallteile schwarz.

21 Schneiden Sie das Abfallholz in 20 cm lange Stücke, um eine Leiter für den Zugang zur Brücke zu bauen. Schrauben Sie jede Sprosse mit drei in der Mitte im Dreieck angeordneten 75-mm-Holzschrauben fest. Binden Sie das überschüssige Seil fest. Zum Abschluss geben Sie ein paar Extras Seil und Holz dazu, damit die Brücke alt und ausgetreten aussieht.

Wer sind die Abenteuerlustigen, die sich als Erste hinüberwagen?

c d

e

ZIRKUSZELT

Der Zirkus ist in der Stadt, und wo steht wohl sein Zelt? Genau – bei Ihnen zuhause! Sie brauchen keine Karten zu besorgen, und die Vorstellung kann dauern, so lange Sie wollen. Ob Zirkus, Puppenspiele, Rockkonzerte oder Theater, für alles haben Sie nun die geeignete Bühne. Nun braucht es nur noch Erdnüsse und Popcorn, und dann heißt es Musik an und Vorhang auf. Und lassen Sie Ihre Kinder all ihre Freunde einladen für die beste aller Vorstellungen!

SCHWIERIGKEITSGRAD:
äußerst anspruchsvoll

ZEITAUFWAND:
ein Wochenende

MATERIAL:

Roter Samt, 150 cm breit, 15 m (oder ein anderer schwerer Stoff Ihrer Wahl) für die Außenseite des Zelts

Lustig gemusterter Stoff in einer ähnlichen Farbe, 150 cm breit, 9 m, für die Innenseite des Zelts

Garn in passender Farbe (1 Rolle)

Farbe (oder Sprühfarbe), ca. 1 Liter, passend zum Stoff

1 hölzerne Vorhangstange, 4 cm Durchmesser, 1,8 m lang

4 Bretter aus Fichte, 240 × 10 cm, 2,5 cm dick

2 Bretter aus Fichte, 300 × 10 cm, 2,5 cm dick

1 Brett aus Fichte, 180 × 15 cm, 2,5 cm dick

1 Brett aus Fichte, 240 × 20 cm, 2,5 cm dick

4,8 m Vlies, 30 cm breit

BEFESTIGUNGSMATERIAL:

20 große Sicherheitsnadeln

30 cm Klettverschluss, 5 cm breit

Holzleim

10 Drahtstifte, 55 mm

4 Sätze L-Winkel, 5 cm, mit 4 25-mm-Holzschrauben

Hochleistungsklammern, 12 mm (500er-Packung)

Holzschrauben, 75 mm (50er-Packung)

2 Sechskantschrauben, 12 × 180 mm, mit U-Scheibe

1 Haken, 7 cm, mit Öse

WERKZEUGE:

Nähmaschine

Pinsel

Kappsäge

Hammer

Hochleistungshefter

Tischkreissäge

Zimmermannswinkel

Zirkel (optional)

Stichsäge mit Universalblatt

Bohrmaschine mit 10-mm-Bohrer, mindestens 17 cm lang, 3-mm-Bohrer und Kreuzschlitz-Bit

Balkensucher

Bleistift

Wasserwaage

1,5 m lange Leiter

Steckschlüssel mit 19-mm-Nuss

ANLEITUNG:

1 Schneiden Sie von beiden Stoffen jeweils 7,2 m ab.

2 Legen Sie Innen- und Außenstoff jeweils mit der linken Seite aufeinander, so dass die rechte Seite nach außen weist, und nähen Sie sie aufeinander. Siehe Abbildung **a** und **b**.

3 Nun nähen wir an den Schmalseiten einen 10 cm breiten Saum. Schlagen Sie den Stoff 5 cm zur Innenseite um und dann nochmals 10 cm. Fixieren Sie den Saum mit großen Sicherheitsnadeln und nähen Sie ihn etwa 1,5 cm vom inneren Saumende entfernt fest (nicht über die Nadeln nähen). Machen Sie dasselbe auf der anderen Seite. Daraus werden später Wände und Kuppel des Zelts. Wir werden es das **Hauptzelt** nennen. Siehe Abbildung **c**.

4 Schneiden Sie vom Außenstoff zwei Stücke von 2,85 m ab. Das werden die Vorhänge an der Zeltvorderseite.

5 Schlagen Sie die Längsseiten jeweils 2,5 cm nach hinten um und nähen Sie einen Saum.

6 Schlagen Sie am oberen Ende jeweils 10 cm um und nähen Sie auch hier einen Saum. Durch diesen Saum werden später die Vorhangstangen geführt.

7 Am unteren Ende der Vorhänge bilden Sie wieder einen 10 cm breiten Saum und nähen ihn fest. Nun sind die Vorhänge fertig!

8 Vom Innenstoff schneiden Sie zwei Stücke von 33 × 90 cm ab. Das werden später die Raffbänder für die Vorhänge.

8 Falten Sie die Stücke der Länge nach in der Mitte, die rechte Seite innen, und nähen Sie sie der langen, offenen Kante entlang mit 1,5 cm Abstand zur Kante zusammen. Stülpen Sie sie wieder um. Sie sollten nun zwei tunnelartige Teile mit einem sauberen Saum und dem Muster nach außen haben.

10 Legen Sie die beiden Teile mit dem Saum in der Mitte flach hin. Schlagen Sie eine der Schmalseiten 1,5 cm nach innen um und dann noch einmal 5 cm und nähen Sie dann einen Saum. Machen Sie dasselbe mit dem anderen Teil.

11 Schneiden Sie nun das Klettband in zwei 15 cm lange Stücke. Lösen Sie die beiden Streifen voneinander und nähen Sie die flauschigen Teile an die 5-cm-Säume des Raffbands. Kleben Sie die rauen Teile des Klettbands vorläufig wieder an. Wir kommen später dazu. Siehe Abbildung **d**.

12 Schlagen Sie nun auch das andere Ende der Raffbänder etwa 1,5 cm um und nähen Sie einen Saum.

13 Malen Sie alle Holzbretter (außer dem 20 cm breiten) mit der gewünschten, zum Stoff passenden Farbe an. Siehe Abbildung **e**. Lassen Sie sie über Nacht trocknen.

14 Am nächsten Tag geht's mit der Kappsäge weiter! Schneiden Sie die bemalten 2,4 m langen Bretter (nicht aber das unbemalte) auf 1,75 m zu.

15 Die 3 m langen Bretter schneiden Sie auf 2,6 m zu. Diese werden die Pfosten des **Hauptträgers.**

16 Das unbemalte 2,4 m lange Brett teilen Sie in ein Stück von 1,8 m Länge und zwei 30 cm lange Stücke.

17 Legen Sie die beiden kurzen Stücke an den Enden senkrecht an das lange Teil und befestigen Sie sie mit Holzleim und Drahtstiften. Für mehr Stabilität werden innen, jeweils 2,5 cm von den Außenkanten, noch je zwei L-Winkel befestigt. Dies ist die Blende.

18 Nun wird die Blende noch überzogen. Legen Sie das Vlies doppelt (von 4,8 m auf 2,4 m), wickeln Sie es um die

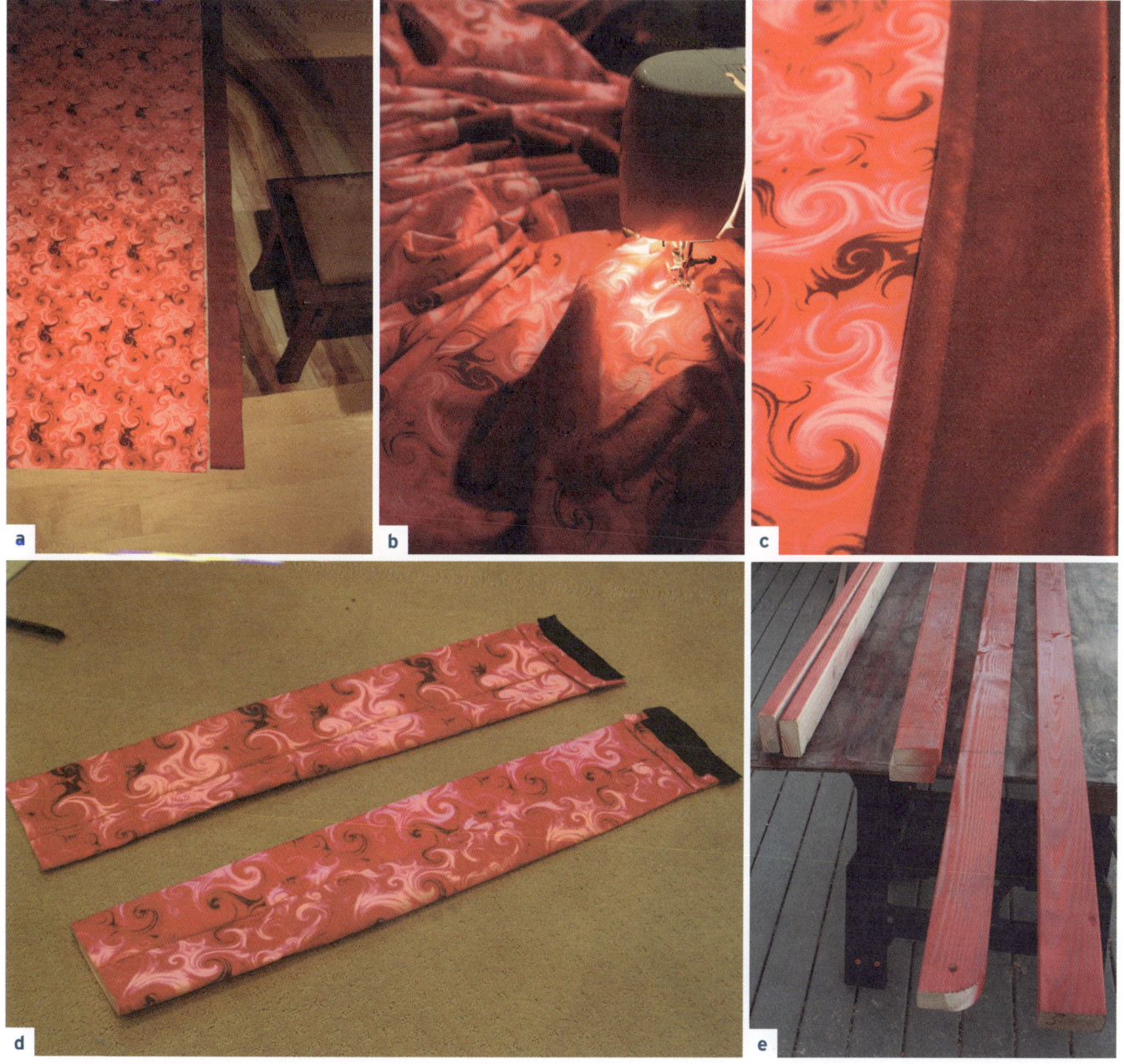

a

b

c

d

e

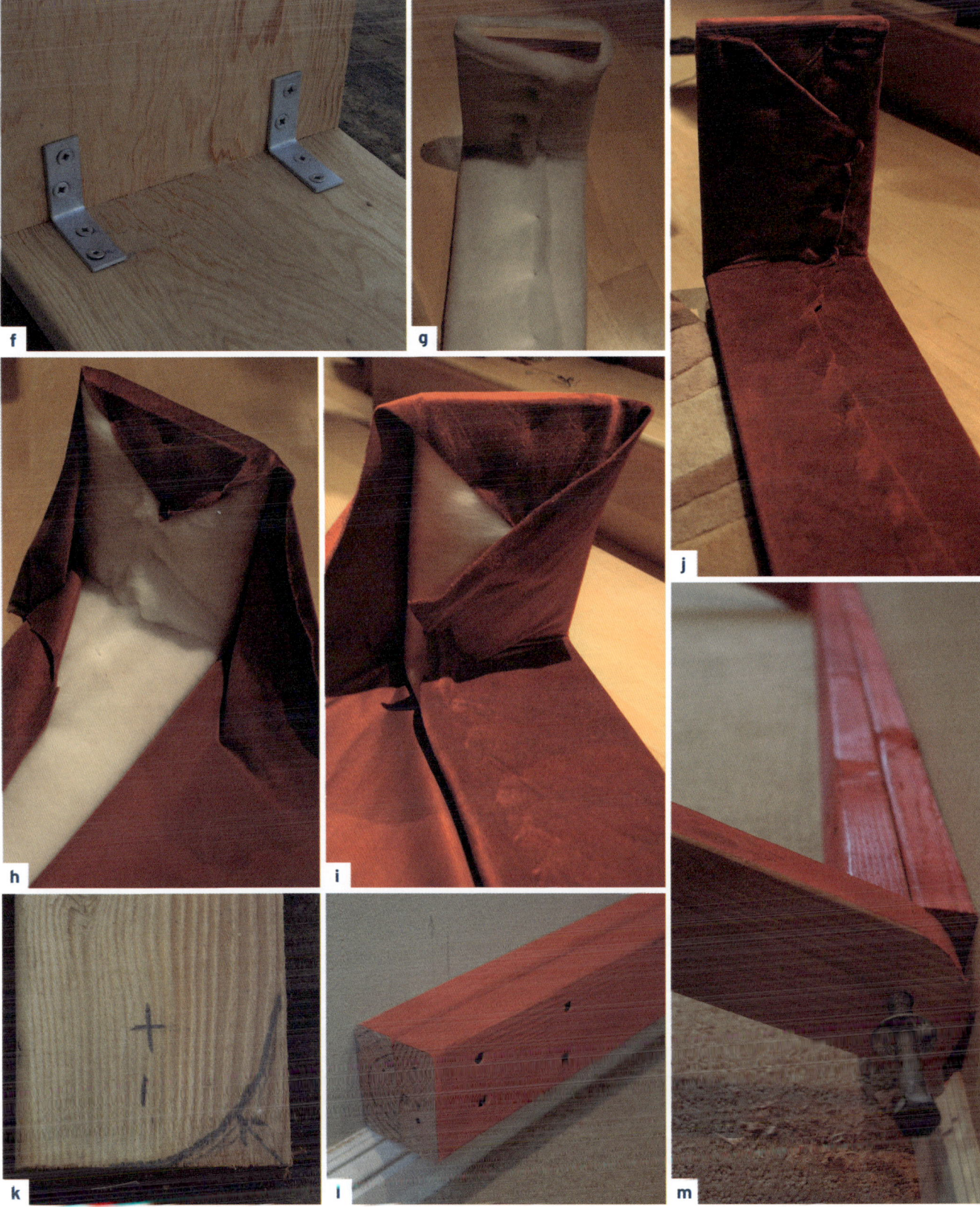

Blende und klammern Sie es fest. Dazu fixieren Sie zuerst das eine Ende der ganzen Länge entlang auf der Innenseite der Blende, ziehen das andere Ende straff um die Blende und heften es an. Ebenso an den Schalseiten fixieren. Siehe Abbildung **g**.

19 Legen Sie den Rest des Außenstoffs mit der rechten Seite nach unten. Legen Sie die Blende mit den Schmalseiten nach oben diagonal darauf. Ziehen Sie die Ecken des Stoffs straff über die Blende, schneiden Sie Überschüssiges ab und klammern Sie den Stoff fest. Fahren Sie so fort, bis die ganze Blende sauber überzogen ist. Siehe Abbildungen **h**, **i** und **j**.

20 Schneiden Sie die Vorhangstange 1 cm kürzer, damit sie trotz der Vlies- und Stofflagen in die Blende passt.

21 Mit der Kreissäge verteilen Sie das 1,8 m lange Brett der Länge nach in eine 5 cm breite und zwei 4,5 cm breite Leisten.

22 Die 5-cm-Leiste wird auf 1,75 m Länge zugeschnitten, dies wird die **obere Leiste.** Die 4,5-cm-Leisten werden auf 1,50 m gekürzt, dies werden die **Seitenleisten.** Ich habe die Ecken angeschrägt, an denen sich die **Leisten** berühren. Das können Sie auch tun, muss aber nicht sein.

23 Nehmen Sie nun die Pfosten des **Hauptträgers** von Schritt 15 zur Hand und versuchen Sie die Krümmung im Holz festzustellen. Jedes Stück Kantholz wölbt sich ein wenig auf einer seiner schmalen Seiten durch. Schauen Sie das Holz der Länge nach hinunter, um sie zu sehen. Die Krümmung soll von der Wand weg weisen. Auch die wandseitige Unterkante des **Trägers** wird abgerundet, damit sie nicht die Wand zerkratzt. Dazu machen Sie mit dem Zimmermannswinkel auf der Breitseite einen Strich 4,5 cm oberhalb der Unterkante und einen Strich in der Mitte bei 5 cm. Stechen Sie am Schnittpunkt der Striche einen Zirkel ein (notfalls geht auch ein Drahtstift, ein Stück Schnur und ein Bleistift) und zeichnen Sie eine Kurve in die Ecke. Siehe Abbildung **k**. Schneiden Sie die Ecke mit einer Stichsäge weg. Machen Sie das auch bei dem anderen Pfosten des **Hauptträgers.**

24 Wo sich die Striche kreuzen, bohren Sie nun an beiden **Trägerpfosten** ein 10-mm-Loch.

25 Mit dem Balkensucher markieren Sie alle Wandpfosten über und unter dem Fenster, vor dem Sie das Zelt aufstellen wollen.

26 Nehmen Sie eines der 1,75-m-Bretter und montieren Sie es, zum Fenster zentriert, direkt über der Fußleiste. Es sollte auf jeder Seite des vorhandenen Fensterrahmens 6,5 cm überstehen. Bohren Sie zwei Löcher durch das Holz und schrauben Sie es mit Holzschrauben fest. Fest anziehen – das muss gut sitzen!

27 Platzieren Sie ein weiteres 1,75 m langes Brett bündig vor das gerade angebrachte. Befestigen Sie es mit jeweils zwei Holzschrauben übereinander und weiteren je zwei Schrauben im Abstand von 5 cm und 20 cm von beiden Seiten und dann noch in der Mitte. Siehe Abbildung **l** Das nennen wir die **untere Schiene.**

28 Für die nächsten beiden Schritte werden Sie Hilfe brauchen. Halten Sie das abgerundete Ende eines der **Hauptträger**pfosten so gegen die Seite der **unteren Schiene,** dass das obere Ende des **Trägers** von der Wand weg weist. Das abgerundete Ende sollte die Wand nicht berühren, da es sich drehen muss. Stecken Sie eine Schlüsselschraube durch das Loch im **Träger** und testen Sie mit dem Streckschlüssel die Drehung. Wenn alles passt, schlagen Sie mit dem Hammer leicht gegen die Sechskantschraube, um die Stelle zu markieren. Messen Sie die Stelle aus und markieren Sie den gleichen Punkt auf der anderen Seite der **unteren Schiene.** Siehe Abbildung **m**.

29 Bohren Sie ein 10-mm-Loch 15 cm tief in die erste Schraubenmarkierung. Bohren Sie ganz gerade in das Ende der **unteren Schiene.** Der Bohrer darf nicht von der Geraden abweichen. Machen Sie dasselbe auf der anderen Seite.

30 Nun nehmen Sie die beiden letzten 1,75-m-Bretter, richten sie bündig aus und schrauben sie der Länge nach gleichmäßig verteilt mit vier 75-mm-Holzschrauben zusammen. Das wird die **obere Schiene.**

31 Geben Sie die **obere Schiene** zwischen die oberen Enden der **Hauptträger.** Wenn alles bündig ist, schrauben Sie in jedes Ende vier Holzschrauben, je zwei pro Holz. Ich habe es in Abbildung **n** mit sechs Schrauben übertrieben, vier reichen auf alle Fälle.

32 Richten Sie die Löcher in den **Hauptträgern** und der **unteren Schiene** aus, wobei die abgerundeten Ecken der **Hauptträger** an der Wand sein müssen. Stecken Sie Sechskantschrauben mit den U-Scheiben in die Löcher und drehen Sie sie fest.

33 Nun holen Sie Bleistift, Wasserwaage und Leiter und heben den Hauptträger, bis er genau senkrecht ist. Prüfen Sie das mit der Wasserwaage. Zeichnen Sie dann die Innenseite des Trägers an die Wand. Den Träger legen Sie wieder hin.

34 Richten Sie die **obere Leiste** (siehe Schritt 22) so aus, dass ihre Oberkante mit der gerade gemachten Linie abschließt. Zu den senkrechten Teilen der Linie wird beidseits ca. 1 cm fehlen. Befestigen Sie sie mit einer Holzschraube je Pfosten an der Wand. Die Wandpfosten bohren Sie mit einem 3-mm-Bohrer vor, damit sie nicht splittern. Dann fixieren Sie die Schrauben beginnend bei den äußeren Pfosten. Insgesamt sollten es fünf sein. Siehe Abbildung **o**.

35 Nun montieren wir die **Seitenleisten** (siehe Schritt 22). Sie werden an den Seiten der Fenster und an der **oberen Leiste** ausgerichtet und mit je drei Holzschrauben – je eine 5 cm vor den Enden und eine in der Mitte – befestigt. Bohren Sie mit dem 3-mm-Bohrer vor und schrauben Sie sie in einem 45-Grad-Winkel ein, damit sie den Wandpfosten treffen, der senkrecht neben dem Fenster verläuft. Siehe Abbildung **p**.

36 Klappen Sie den **Hauptträger** wieder gegen die Wand und bringen Sie den Haken in der Mitte der Unterseite an, 2,5 cm von der wandseitigen Kante entfernt. Befestigen Sie die Öse in der Mitte der **oberen Leiste**. Der Haken wird das Zelt an der Wand halten und verhindern, dass der überschüssige Stoff sich vor das Fenster legt. Siehe Abbildung **q**.

37 Machen Sie einen Strich oben auf den **Hauptträger**, um dessen Mitte zu markieren. Machen Sie das auch auf der Oberkante der oberen Leiste. Legen Sie den Hauptträger für's erste wieder hin

38 Nun nehmen Sie das **Hauptzelt** von Schritt 3 und falten es der Länge nach, um die Mitte zu finden. Markieren Sie die mit einem Strich an beiden Kanten (vorne und hinten), gerade so, dass Sie ihn noch sehen können.

39 Nun halten Sie die hintere Mitte das **Hauptzelts** mit dem Außenstoff nach oben gegen die Mitte der **oberen Leiste** und befestigen sie mit einer Klammer und klammern es dann alle 5 cm in beide Richtungen fest. Machen Sie dasselbe an den **Seitenleisten.**

40 Richten Sie die vordere Mitte des **Hauptzelts** jetzt an der Mitte oben auf dem **Hauptträger** aus. Schlagen Sie den Stoff über die Oberseite des Querträgers, sodass sich ein etwa 2 cm breiter Rand auf der Vorderseite zeigt. Klammern Sie diesen Rand alle 5 cm in beide Richtungen bis zum Seitenende des Trägers fest.

41 Schieben Sie die Vorhangstange durch den 20 cm breiten Saum der beiden Vorhangteile. Achten Sie darauf, dass bei beiden die gleiche Seite vorne ist.

42 Nun fügen Sie die Vorhangstange in der Blende ein, 12 cm hinter der Vorderseite der Blende und 5 cm unterhalb der Oberkante. Siehe Abbildung **r**. Schrauben Sie je eine Holzschraube durch die Seiten der Blende in die Vorhangstange. Machen Sie dazu einen kleinen Schnitt in den Stoffbezug der Blende, damit er sich beim Hineinschrauben nicht verdreht.

43 Befestigen Sie die Blende mit drei Holzschrauben pro Seite oben am **Hauptträger**. Die hintere obere Seite der Blende muss mit der hinteren oberen Seite des **Hauptträgers** abschließen, und das **Hauptzelt** muss sich zwischen **Träger** und Blende befinden.

44 Nun sind wir bald fertig. Die Vorhangraffbänder von Schritt 12 werden mit den Enden ohne Klett etwa 1 m über dem Boden an den **Seitenleisten** festgeklammert. Um die Fixierung zu verstecken, legen Sie das Band mit der Außenseite gegen die Wand, der Saum sollte an der **Seitenleiste** und dem **Hauptzelt** anliegen. Nun das Band wie in der Skizze 1 gezeigt an der **Seitenleiste** fixieren, umschlagen, und die Klammern sind verschwunden. Machen Sie dasselbe auf der anderen Seite. Siehe **Vorhangraffband anbringen 1** und **2**.

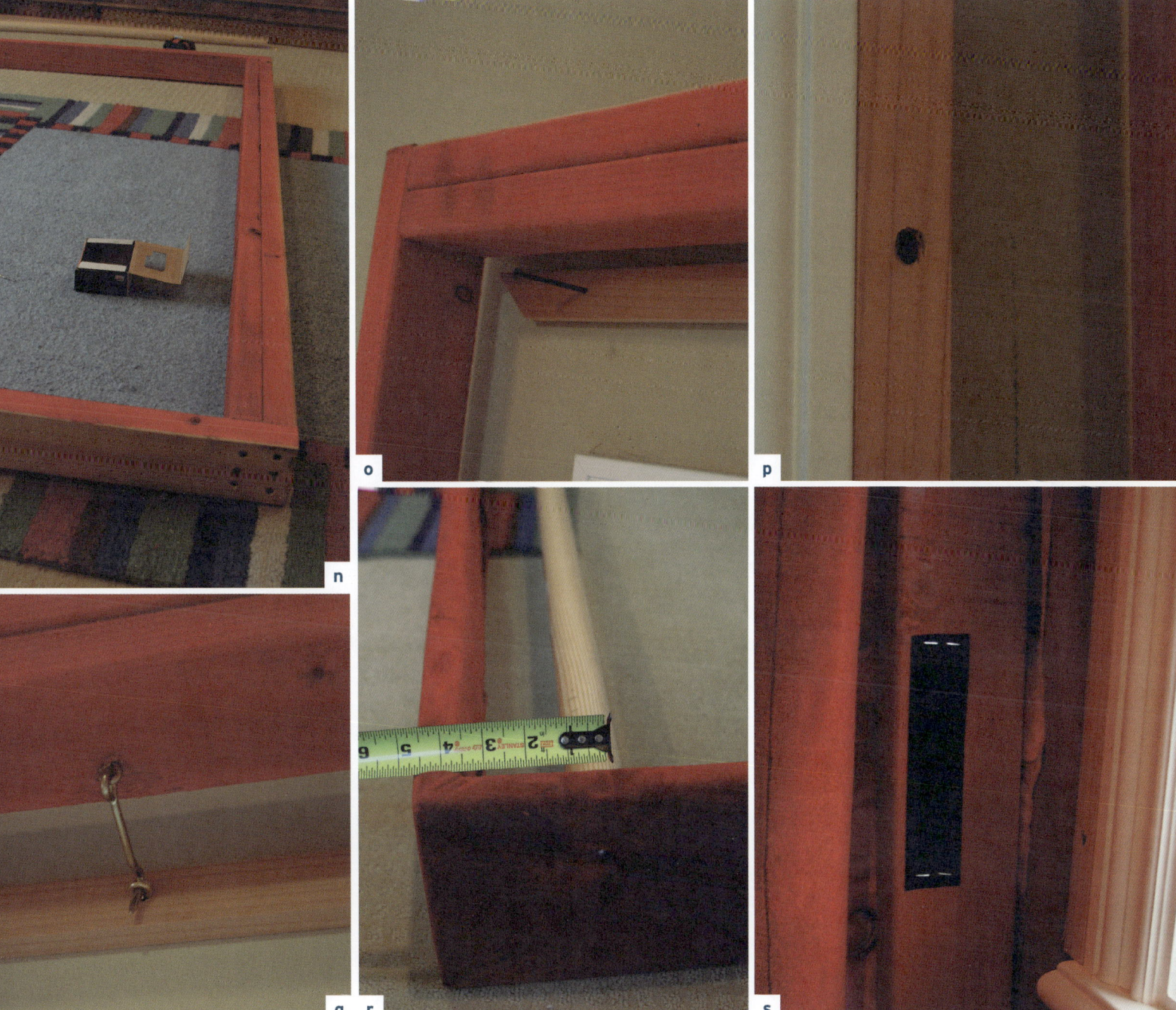

n

o

p

q

r

s

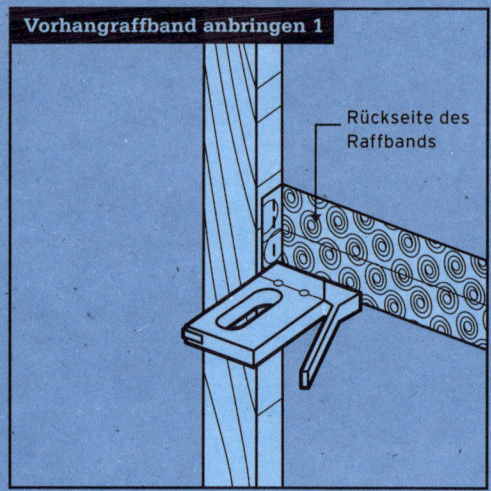

Vorhangraffband anbringen 1

Rückseite des Raffbands

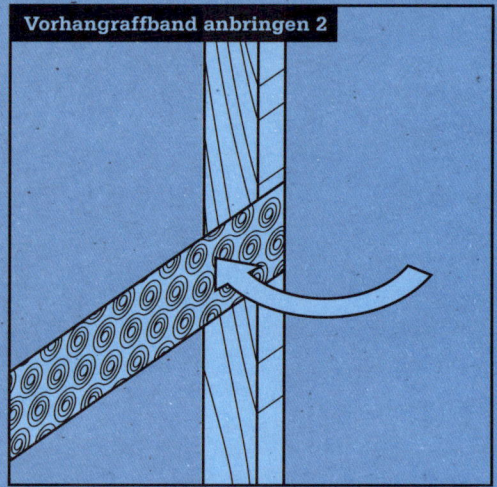

Vorhangraffband anbringen 2

45 Klappen Sie das Zelt gegen die Wand und hängen Sie es ein. Sie müssen die Decke des **Hauptzelts** ein bisschen hochheben, um an die Öse für den Haken zu kommen.

46 Wickeln Sie die Raffbänder um den Stoff des **Hauptzelts,** sodass die Seite mit dem Klettverschluss mit der Innenkante des Hauptträgers abschließt. Beide Bandenden müssen auf gleicher Höhe sein. Lösen Sie das raue Klettverschlussteil und klammern Sie es an die Innenseite des **Hauptträgers,** möglichst weit vom Fenster weg. Siehe Abbildung **s.**

47 Nun befestigen Sie die Raffbänder am **Hauptträger** und … sind fertig!

48 Licht dimmen, Spots anwerfen, den Haken vom Zelt losen und … »Taa-ta-tataa! Die Vorstellung beginnt!«

SEIFENKISTE

Für all jene, die es juckt, sich hinters Lenkrad einer eigenen coolen Kiste zu setzen, die aber noch nicht recht an die Pedale eines richtigen Autos herankommen. Und für jene, die sich für eine Rennkarriere bestimmt fühlen, aber noch nicht übers Lenkrad hinausschauen können. Nun, für diese kleinen Michael Schumachers ist eine Seifenkiste die richtige Wahl.

SCHWIERIGKEITSGRAD:
äußerst anspruchsvoll

ZEITAUFWAND:
ein Wochenende

MATERIAL:

Für dieses Projekt nehme ich Eschenholz. Billiger, aber nicht so stabil wäre Fichtenholz, das leichter splittert. Eschenholz sieht bei einem solchen Klassiker aber einfach großartig aus und verkraftet Jahre stärkster Beanspruchung.

1 Eschenholzbrett, 122 × 18 cm, 2,5 cm dick

1 Eschenholzbrett, 300 × 14 cm, 2 cm dick

1 Eschenholzbrett, 400 × 14 cm, 2,5 cm dick

8"-Gummiräder, vorzugsweise mit Nabe und Kugellager aus Metall (oder plastiküberzogene Rasenmäherräder, wenn Sie vorhaben, jedes Rennen zu verlieren)

Schmiermittel (z. B. Super Lube oder Caramba) für die Räder

Nylonseil, 20 mm Durchmesser, 1,2 m lang

Griptape, 25 cm breit (Sie brauchen ungefähr 20 cm)

BEFESTIGUNGSMATERIAL:

23 Schlossschrauben, 6 × 70 mm, mit passenden U-Scheiben und Muttern

4 Schlossschrauben, 6 × 90 mm, mit passenden U-Scheiben und Muttern

2 Sechskantschrauben, 10 × 80 mm, mit passenden U-Scheiben

1 Schlossschraube, 12 × 120 mm, mit passender U-Scheibe und 2 Muttern zum Kontern

28 Linsenkopfschrauben, 12 × 50 mm, aus rostfreiem Stahl (Sie müssen aus rostfreiem Stahl sein, um für die Verwendung mit Eschenholz stabil genug zu sein.)

4 verzinkte Schlüsselschrauben, 12 × 180 mm, mit 16 passenden U-Scheiben (12 × 40 mm)

Klebeband

WERKZEUGE:

Stichsäge

Kappsäge

Zimmermannswinkel

Bleistift

Bohrmaschine mit folgenden Spatenbohrern:
19 × 15 mm, 16 × 15 mm, 12 × 15 mm, 10 × 15 mm

und folgenden Bohrern:
6 mm, 4 mm

Kleine Schraubzwingen

Rollgabelschlüssel oder 19 mm Ringschlüssel

Steckschlüssel mit folgenden Nüssen:
19 mm, 14 mm, 11 mm

Elektrische Schleifmaschine mit 5 Stück 60er-Sandpapier

HINWEIS:

Details zu den hier verwendeten Knoten finden Sie auf Seite 162.

ANLEITUNG:

1 Wir fangen mit dem Zuschnitt der Teile an. Das 1,22 m lange Brett wird gleich so verwendet, nur ein Ende mit der Stichsäge abgerundet. Zeichnen Sie dazu der Länge nach auf beiden Seiten eine Mittellinie. Siehe Abbildung **a**. Dies wird der **Rahmen** des Wagens. Da wir eine Menge zugeschnittener Teile bekommen, beschriften Sie alle gleich leicht mit Bleistift, um den Überblick zu behalten.

2 Von dem 3 m langen Eschenholzbrett schneiden Sie vier 10 cm lange Stücke ab. Diese bilden den **Sitz.**

3 Vom Rest des Bretts schneiden Sie zwei 24 cm lange Stücke ab. Legen Sie sie quer auf die Arbeitsfläche. Messen Sie bei einem der Brettchen von der linken unteren Ecke an der Schmalseite 4 cm hoch, und ziehen Sie von diesem Punkt in einem Winkel von 15 Grad zur Horizontalen eine Linie in Richtung rechte obere Ecke (siehe Abbildung **b**). Von der rechten oberen Ecke ziehen Sie im Winkel von 10 Grad zur Vertikalen eine Linie zur Unterkante. Verbinden Sie diese beiden Linien durch eine waagrechte Linie 6,5 cm unterhalb der Oberkante. Machen Sie dasselbe beim anderen Holzstück und schneiden Sie die angezeichneten Formen aus. Das werden die **Seitenstützen** des **Sitzes.** Siehe Abbildungen **d** und **f**.

4 Vom Rest des Bretts schneiden Sie ein 60 cm langes Stück ab und bringen es auf 10 cm Breite. Das wird der **Spoiler.**

5 Von dem 4-m-Brett schneiden Sie vier 60 cm lange Stücke ab. Das werden die Achsen (den Rest des Bretts brauchen Sie im nächsten Schritt).

6 Vom Rest des Bretts schneiden Sie zwei 40 cm lange Stücke ab und legen sie mit der Schmalseite nach unten auf die Arbeitsfläche. Von der linken unteren Ecke eines der Bretter messen Sie an der linken Seite 5 cm ab und

ziehen eine Linie im Winkel von 10 Grad nach oben. Schneiden Sie das Holz der Linie entlang. Auf dem so entstandenen größeren Teil ziehen Sie mit Hilfe des Zimmermannswinkels von der oberen rechten Ecke eine Linie im Winkel von 10 Grad zur Oberkante quer über das Brett. Schneiden Sie das schmale Stück oben ab. Machen Sie das auch bei dem anderen Stück. Siehe Abbildungen **b**, **c** und **e**. Das werden die **Spoilerträger.** (Behalten Sie den Rest des Bretts für den nächsten Schritt.)

7 Vom Rest des Bretts schneiden Sie ein 18 cm langes Stück für die **Hinterachsenstrebe** ab.

8 Nun schneiden wir eine gleichmäßige Spitze in den Rest des Bretts. Stellen Sie die Kappsäge dazu auf 32 Grad ein und arretieren Sie sie. Markieren Sie die Mitte einer der Schmalseiten und schneiden Sie bis dahin. Drehen Sie das Brett um und schneiden Sie erneut. Nun wird die Kappsäge wieder auf 0 Grad gestellt und das Brett 10 cm hinter der Spitze abgeschnitten. Das wird der Lenkeranschlag. Siehe Skizze **Lenkeranschlag anfertigen.**

9 Richten Sie den **Lenkeranschlag** mit der abgeschnittenen Seite mittig am abgerundeten **Rahmenende** aus. Mit dem **Rahmen** als Schablone übertragen Sie dessen Rundung auf den **Lenkeranschlag** und schneiden die Form aus. Das Stück sollte bis auf die Löcher aussehen wie in Abbildung **g**.

10 Nehmen Sie eine der **Achsen** von Schritt 5 und legen Sie sie flach auf die Arbeitsfläche. Ziehen Sie 2,5 cm oberhalb der Unterkante der Länge nach einen Bleistiftstrich. Machen Sie dasselbe 2,5 cm unterhalb der Oberkante. Bringen Sie von der Schmalseite aus gemessen auf beiden Linien bei 3,8 cm, 15,3 cm, 45,7 cm und 57,2 cm Markierungen an. Siehe Skizze **Achsenlöcher** markieren.

a

b

c

d

e

f

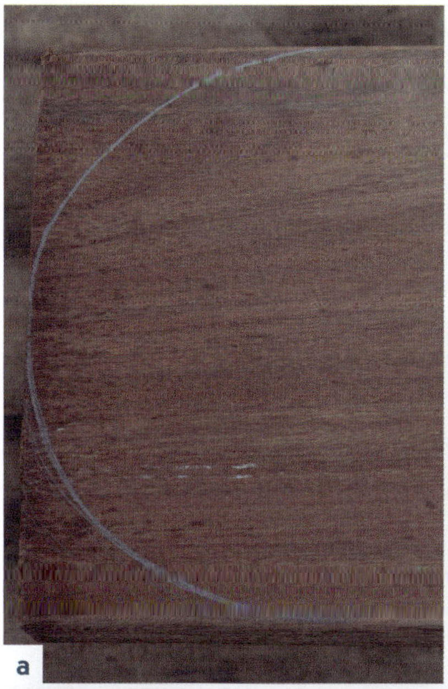

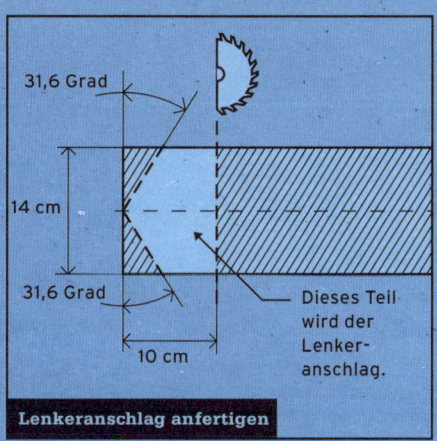

31,6 Grad
14 cm
31,6 Grad
10 cm
Dieses Teil wird der Lenker-anschlag.
Lenkeranschlag anfertigen

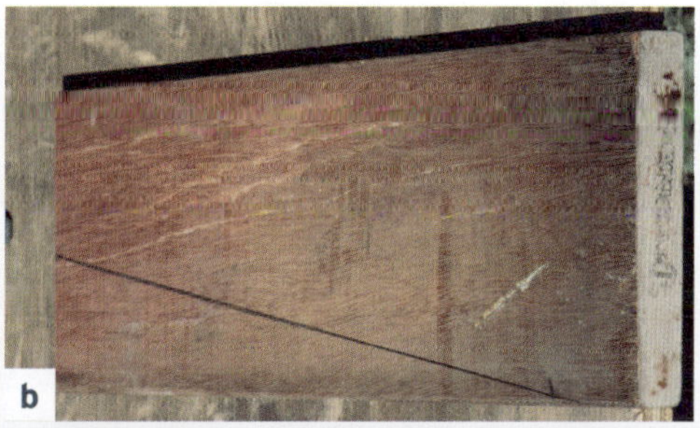

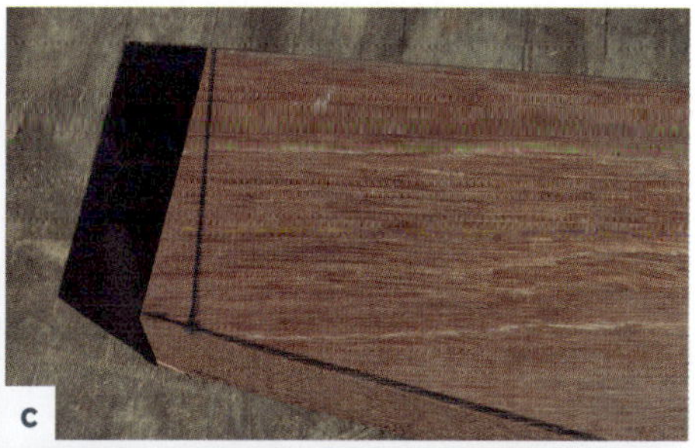

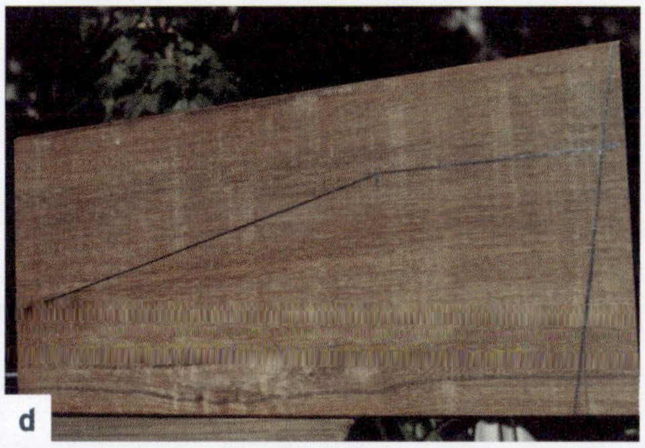

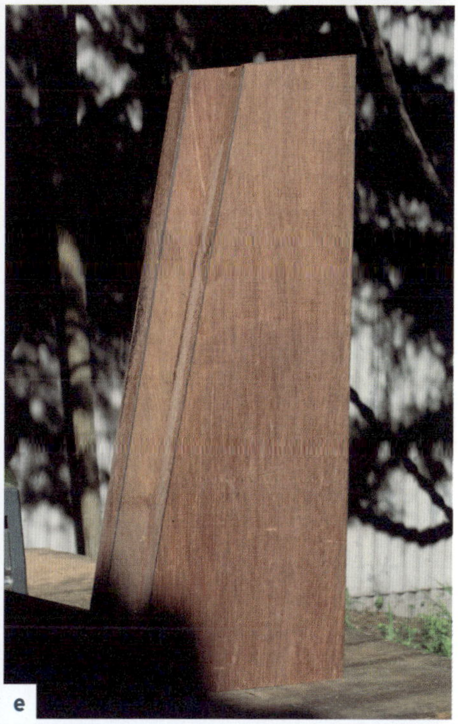

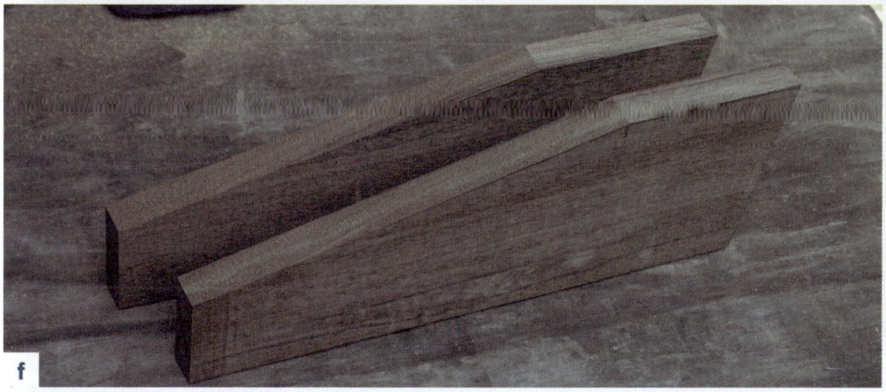

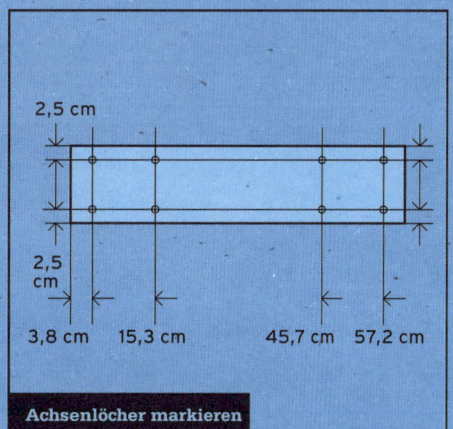

2,5 cm
2,5 cm
3,8 cm
15,3 cm
45,7 cm
57,2 cm
Achsenlöcher markieren

11 Nun bohren Sie bei den Markierungen 6 mm tiefe 12-mm-Löcher. Bohren Sie nicht durch, denn das werden die Versenkungen für die Schlossschrauben- köpfe. Nehmen Sie dann einen 6-mm-Bohrer und bohren sie durch. Mit dieser Achse als Schablone bohren Sie auch die Löcher durch die anderen Achsen. In eine weitere **Achse** bohren Sie die Versenkungen wie bei der ersten.

12 Nun bauen wir die **Achsen.** Jede besteht aus einem Brett mit Versenkungen, das auf einem Brett ohne Versenkungen liegt, die mit acht 70-mm-Schlossschrau- ben verbunden werden. Vor dem Befestigen der Mutter muss jede Schlossschraube mit einer Unterlegscheibe versehen werden. Fest anziehen.

13 Eine der **Achsen** wird die **Hinterachse,** die andere die **Vorderachse.** Nehmen Sie die **Hinterachse** und markieren Sie die beiden Linien von vorhin von der Schmalseite her gemessen jeweils bei 25,5 und 35,5 cm. Auf jeder Linie befinden sich nun zwei Markierungen.

14 An allen Markierungen bohren Sie 6-mm-Löcher durch die **Hinterachse.**

15 Bohren Sie am **Rahmen** 20 cm vom abgerundeten Ende entfernt ein 12-mm-Loch durch die Mittellinie.

16 Nehmen Sie die **Vorderachse** und machen Sie 7 cm von der breiten und 30,5 cm von der schmalen Seite entfernt einen Punkt. Das sollte der exakte Mittelpunkt der Achse sein. Bohren Sie hier ein 12-mm-Loch.

17 Stecken Sie die 12-×-120-mm-Schlossschraube durch die 12-mm-Löcher des **Rahmens** und der **Vorder- achse** und fügen Sie eine Unterlegscheibe und eine Mutter hinzu. Die Mutter sehr festziehen und dann wieder lösen, bis Sie die **Vorderachse** locker vor und zurück bewegen können. Setzen Sie den Rollgabel- schlüssel oder Ringschlüssel an der Mutter an und schrauben Sie die andere Mutter darauf. Ziehen Sie die zweite Mutter sehr fest, während Sie die erste festhal- ten. Siehe Abbildungen **h** und **j**.

18 Nun bringen wir den **Lenkeranschlag** an. Er wird, rundes Ende an rundem Ende, an der Mittellinie des **Rahmens** ausgerichtet. Um zu entscheiden, wohin der Anschlag kommen soll, schieben Sie ihn in Richtung

Vorderachse und prüfen Sie, ob die **Achse** beim Schwenken exakt am Anschlag anliegt. Siehe Skizze **Positionieren des Lenkeranschlags.** Wenn Sie die richtige Stelle haben, markieren Sie die Position des **Anschlags** auf dem **Rahmen.** Zum Befestigen bohren Sie in einer Dreiecksform und mit mindestens 2,5 cm Abstand zu den Außenkanten drei 6-mm-Löcher in den Anschlag. Positionieren Sie den Anschlag wieder auf dem **Rahmen** und bohren Sie mit ihm als Schablone einen entsprechenden Satz Löcher. Senken Sie die Löcher mit einem 12-mm-Spatenbohrer auf der Ober- seite des **Rahmens** an und befestigen Sie alles mit 70-mm-Schlossschrauben, Muttern und U-Scheiben. Siehe Abbildung **g**.

19 Am anderen Ende ziehen Sie auf der Unterseite, von der Hinterkante aus gemessen, je eine Linie bei 20 cm und bei 34 cm quer über den **Rahmen.**

20 Legen Sie die **Hinterachse** genau zwischen diese Linien und prüfen Sie, ob sie zum **Rahmen** zentriert ist. Klemmen Sie sie fest und bohren Sie durch die in der Achse vorgebohrten Löcher durch den Rahmen. Auf der Oberseite des Rahmens senken Sie die vier Löcher mit dem 12-mm-Spatenbohrer an. Nun befestigen Sie die **Achse** mit den 90-mm-Schlossschrauben, Muttern und U-Scheiben am **Rahmen.** Stellen Sie sicher, dass sie sehr fest sitzen und die Schraubenköpfe nicht oben überstehen. Siehe Abbildung **i**.

21 Nehmen Sie die **Hinterachsenstrebe** (Schritt 7) und ziehen Sie der Länge nach genau in der Mitte eine Linie. Bohren Sie auf der Mittellinie jeweils 2,5 cm von den Kanten entfernt ein 12-mm-Loch. Ausgerichtet an der **Hinterachse** legen Sie die **Strebe** auf den **Rah- men.** Klemmen Sie die **Strebe** am **Rahmen** fest und übertragen Sie die Löcher, bohren Sie aber nicht durch. Nehmen Sie nun die **Strebe** weg und bohren Sie die Löcher weiter 6,5 cm tief in **Rahmen** und **Achse.** Nicht durchbohren.

22 Legen Sie die **Hinterachsenstrebe** wieder auf. Stecken Sie auf beide 10-×-80-mm-Schlüsselschrauben je eine Unterlegscheibe, drücken Sie diese in die Löcher und drehen Sie sie gut fest. Siehe Abbildung **k**.

n

o

p

q

23 Nehmen Sie die **Spoilerträger** von Schritt 6 und ziehen Sie parallel zur unteren Kante im Abstand von 2,5 cm eine Linie. Die schräge lange Seite ist die Vorderkante. Von dort aus gemessen, bohren Sie mit dem 4-mm-Bohrer bei 2,5 cm, 5 cm, 9 cm und 11,5 cm Löcher in die eben gemachte Linie. Senken Sie die Löcher mit einem 10-mm-Bohrer auf 3 mm an. Machen Sie das auch beim anderen **Spoilerträger**. Beachten Sie beim Ansenken der Löcher, dass die Versenkungen auf beiden Seiten der Seifenkiste nach außen zeigen müssen. Siehe Abbildung l.

24 Richten Sie die **Spoilerträger** an der **Hinterachse** und der **Hinterachsenstrebe** aus. Mit den **Trägern** als Schablone und dem 4-mm-Bohrer übertragen Sie die Löcher auf **Strebe** und **Rahmen**. Die Löcher befinden sich genau zwischen beiden. Durch Vorbohren erleichtern Sie sich die weitere Verarbeitung.

25 Machen Sie die **Spoilerträger** mit acht der Linsenkopfschrauben fest. Stellen Sie ein langsames Drehmoment an der Bohrmaschine ein und drücken Sie beim Hineindrehen fest auf die Schrauben. Die Köpfe sollten nicht ausfransen, da sie sich sonst nur schwer wieder lösen lassen. Siehe Abbildung n.

26 Nehmen Sie den **Spoiler** von Schritt 4. Die Ecken der Vorderkante werden noch auf einen Radius von 7 cm abgerundet. Der Spoiler wird dann zentriert auf die Mitte des Gefährts und bündig mit der Vorderkante der **Spoilerträger** auf diesen platziert. Er sollte etwa 19 cm über die Außenkanten der **Träger** und knapp 1,5 cm über deren Hinterkante hinausragen. Ziehen Sie nun auf dem **Spoiler** zwei Linien von vorne nach hinten, jede 20 cm von den Außenkanten entfernt. Auf diesen markieren Sie jeweils Punkte, 2,5 und 5 cm von der Vorderkante. Mit dem 4-mm-Bohrer bohren Sie dort durch den **Spoiler** und senken dann die Löcher mit dem 10-mm-Bohrer 3 mm tief an.

27 Richten Sie den **Spoiler** mittig an den **Trägern** aus und übertragen Sie mit dem 4-mm-Bohrer die Löcher 5 cm tief in die **Träger**. Dabei ist es hilfreich, wenn jemand den **Spoiler** festhält, während Sie bohren. Befestigen Sie ihn mit vier Linsenkopfschrauben. Wiederum mit langsamem Drehmoment die Schrauben versenken. Sie sollten mit der Oberfläche bündig sein. Siehe Abbildung r.

28 Aus den Teilen von Schritt 2 wird nun der Sitz gefertigt. Bei zwei Teilen runden Sie die Ecken jeweils einer der Längsseiten ab. Siehe Skizze **Abrunden der Sitzecken**. Diese Teile werden am Sitz vorne und an der Lehne oben angebracht. Siehe **Seifenkiste Explosionszeichnung.**

29 Nehmen Sie ein abgerundetes und ein rechteckiges Sitzteil für die **Sitz**unterseite. Markieren Sie jeweils in der Länge und in der Breite die Mittellinie und bringen Sie auf der längs verlaufenden Mittellinie jeweils 1,4 cm von den Schmalseiten entfernt eine Markierung an. Nun legen Sie den **Sitz** in der richtigen Position auf den **Rahmen:** Legen Sie ein Stück Abfallholz (2 cm breit) als Distanzstück gegen die **Spoilerträger,** dann kommt das rechteckige **Sitz**teil, dann wieder ein 2-cm-Distanzstück und dann das abgerundete **Sitz**teil. Richten Sie die quer laufende Mittellinie der **Sitz**teile auf die Mittellinie des **Rahmens** aus. Schieben Sie alles eng zusammen (siehe Abbildung **m**) und klemmen Sie die **Sitz**unterteile fest.

30 Bei jeder der 4-mm-Markierungen senken Sie mit dem 12-mm-Bohrer 3 mm an, bevor Sie mit dem 6-mm-Bohrer durch **Sitz** und **Rahmen** bohren. Stecken Sie eine 70-mm-Schlossschraube in jedes der Löcher und befestigen Sie die **Sitz**unterteile mit U-Scheiben und Muttern am **Rahmen.**

31 Nun folgt die Rückenlehne. Legen Sie das 2-cm-Distanzstück auf die gerade befestigte **Sitz**unterseite. Lehnen Sie das verbliebene rechteckige **Sitz**teil gegen die **Spoilerträger,** legen Sie ein weiteres 2-cm-Distanzstück darauf und dann das zweite abgerundete Sitzteil. Prüfen Sie, ob die **Sitz**teile zentriert sind – ihre Außenseiten sollten einen Abstand von etwa 9 cm zu den Außenkanten der **Spoilerträger** haben. Wenn alles passt, übertragen Sie die gedachten Mittellinien der

Spoilerträger auf die Vorderseite der Sitzteile. Siehe Abbildung **t**.

32 Von der Oberkante des **Sitzes** aus gemessen, markieren Sie die eben gemachten Linien jeweils bei 4 cm und 10 cm. Legen Sie das **obere Sitzteil** zur Seite, senken Sie mit dem 10-mm-Bohrer alle vier Markierungen auf dem **unteren** (rechteckigen) **Sitz**teil (3 mm tief) an und bohren Sie dann mit dem 4-mm-Bohrer 5 cm tief durch das Sitzteil und in die **Spoilerträger.**

33 Wie in den Schritten 25 und 27 beschrieben, versenken Sie wiederum Linsenkopfschrauben aus rostfreiem Stahl in den Löchern der unteren **Sitz**sprosse.

34 Wiederholen Sie die beiden vorherigen Schritte für das obere **Sitz**teil, dabei wiederum ein 2-cm-Distanzstück zur korrekten Positionierung dazwischenlegen. Die abgerundeten Ecken weisen nach oben.

35 Die **Seitenstützen** von Schritt 3 sollten nun der Länge nach auf den unteren **Sitz**teil passen, bündig mit den Außenkanten und an der Hinterkante des **Sitzes** anliegend. Siehe Abbildung **u**. Befestigen Sie die **Stützen** mit jeweils vier Linsenkopfschrauben: drei von unten durch den **Sitz** und eine durch die Rückenlehne in die **Stütze.** Vor dem Anbringen bohren Sie mit dem 4-mm-Bohrer die Löcher vor und senken sie mit dem 10-mm-Bohrer an. Siehe Abbildung **s** und **u**. Vorsicht, die **Stütze** nicht durchbohren – inklusive Sitzunterseite können Sie 5 cm tief bohren. Siehe Abbildung **r**.

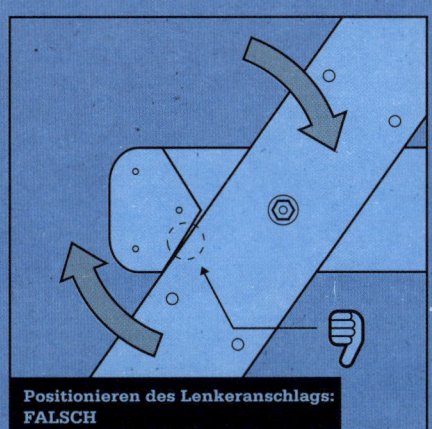

Positionieren des Lenkeranschlags: FALSCH

Positionieren des Lenkeranschlags: RICHTIG

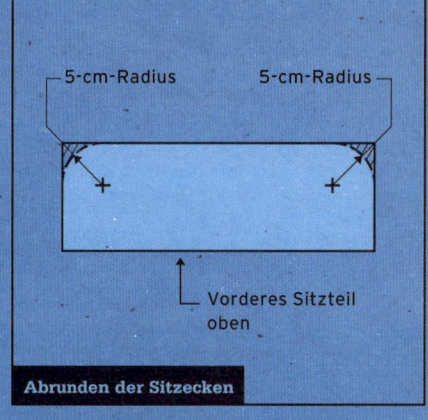

Abrunden der Sitzecken

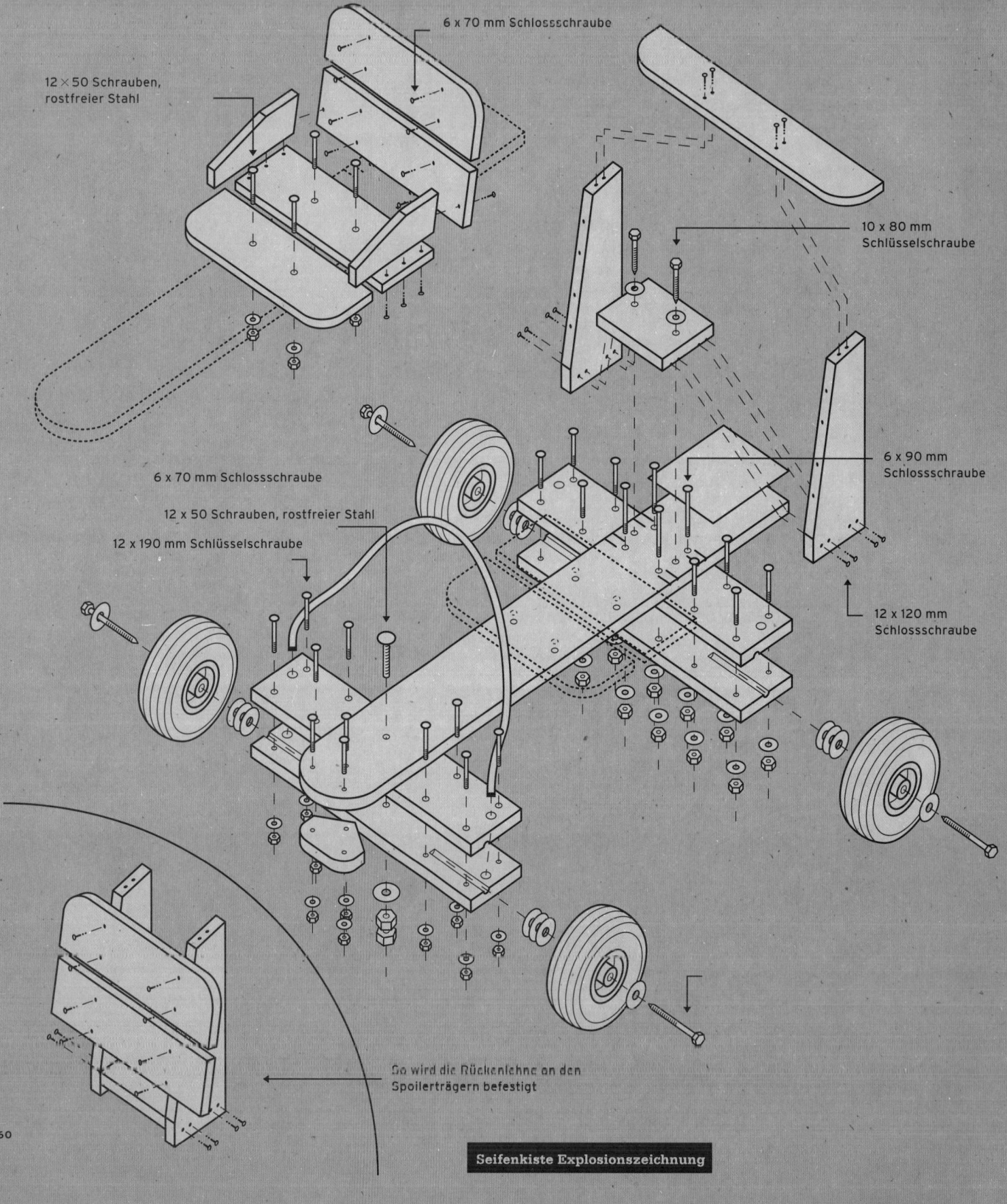

12 × 50 Schrauben, rostfreier Stahl

6 x 70 mm Schlossschraube

10 x 80 mm Schlüsselschraube

6 x 70 mm Schlossschraube

12 x 50 Schrauben, rostfreier Stahl

12 x 190 mm Schlüsselschraube

6 x 90 mm Schlossschraube

12 x 120 mm Schlossschraube

So wird die Rückenlehne an den Spoilerträgern befestigt

Seifenkiste Explosionszeichnung

r

s

t

u

36 Zur Steuerung des Gefährts bauen wir nun noch eine Steuerleine ein. Zuerst wird in die Seiten der **Vorderachse** jeweils 5 cm vor der Hinterkante und 3,8 cm neben der Außenkante von oben schräg Richtung Vorderseite in einem Winkel von etwa 30 Grad je ein 20-mm-Loch gebohrt. Siehe Abbildung **p**.

37 Jetzt sind die Räder an der Reihe! Die Vorderräder werden etwas vor der **Achsen**mitte montiert. Markieren Sie den Punkt 6,4 cm hinter der Vorderkante der **Achse,** wo sich die beiden Bretter berühren. Bohren Sie an dieser Stelle mit einem 10-mm-Spatenbohrer gerade 152 mm tief. Prüfen Sie immer wieder den Winkel, damit Sie auch genau zwischen die zwei Bretter bohren. Machen Sie dasselbe auf der anderen Seite.

38 Stecken Sie eine 38-mm-Unterlegscheibe auf eine 190-mm-Sechskantschraube und führen Sie sie durch das Rad. Prüfen Sie, ob das Rad richtig herum sitzt (am Rad ist innen meist ein langes Plastikstück, damit es nicht an der **Achse** schleift). Nun streifen Sie drei zusätzliche U-Scheiben über die Schlüsselschraube (auf der andern Radseite) und drehen Sie mit einem 19-mm-Steckschlüssel in das 152-mm-Loch. Dann festziehen und wieder etwas lösen, bis sich das Rad frei dreht. Das machen wir auch auf der anderen Seite. Wenn es

schwergängig ist, Rad und Schraube schmieren. Ich empfehle 8-Zoll-Räder mit Nabe und Kugellager aus Metall, die für eine ruhigere und schnellere Fahrt sorgen. Siehe Abbildungen **q** und **o**.

39 Bohren Sie nun 10-mm-Löcher in die Seite der **Hinterachse.** Um die Mitte zu finden, messen Sie 7 cm von der Vorderseite der **Achse** der Fuge entlang. Die Räder wie im letzten Schritt beschrieben befestigen.

40 Erhitzen Sie die Enden des Seils und umwickeln Sie sie mit Klebeband. Führen Sie die Enden durch die Löcher in der Achse (siehe Schritt 36). Machen Sie an beide Enden eine Endacht (Achterknoten) und lassen Sie nur 2,5 cm überstehen, damit das Seil beim Bergabfahren nicht schleift. Festbinden!

41 Nun ist noch etwas Schleifen angesagt. Mit der Schleifmaschine und 60er-Papier schleifen Sie alle Holzflächen ab, den Schleifer dabei in einem 45-Grad-Winkel halten, um alle scharfen Kanten zu entfernen.

42 Entfernen Sie den Staub gründlich und kleben Sie das Griptape auf die **Rahmenfläche** am Ende des Gefährts.

Und das Training für die Formel 1 beginnt …

KNOTEN

Zur Beschreibung der Knoten bezieht man sich auf drei verschiedene Teile des Seils: das Seilende, das stehende Seilende und die Schleife. Das stehende Ende ist der Teil, der an einem Gegenstand befestigt ist, oder falls das Seil nirgends befestigt wird, ist es der nicht benutzte Teil zur Seilmitte hin. Die Schleife ist eine u-förmige Schlinge zwischen dem Seilende und dem stehenden Seilende.

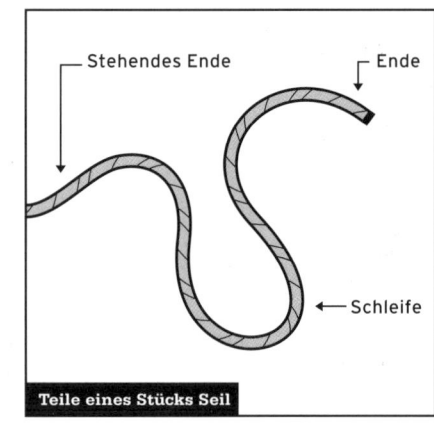

Teile eines Stücks Seil

Eine **Endacht** (Achterknoten) verhindert, dass das Seilende durch ein Loch rutscht. Für eine Endacht machen Sie eine Schleife ins Seil und führen das Seilende über und unter dem stehenden Ende **(Schritt 1)** hindurch. Nun führen Sie das Seilende von oben durch die Schleife **(Schritt 2)**. Ziehen Sie fest, und Sie haben einen Knoten, der wie eine Acht aussieht **(Schritt 3)**.

Endacht, Schritt 1

Endacht, Schritt 2

Ein **Schotstek** ist praktisch, um zwei verschieden dicke Seilstücke zusammenzubinden. Zuerst machen Sie eine Schleife in das dickere Seil. Dann führen Sie das Ende des dünneren Seils durch die Schleife und außen um sie herum. Zum Abschluss führen Sie das dünnere Seil zwischen seinem stehenden Ende und der Schleife des dickeren Seils hindurch, ohne wieder durch die Schleife zu gehen.

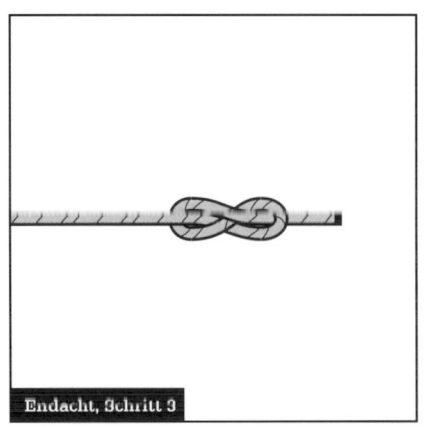

Endacht, Schritt 3

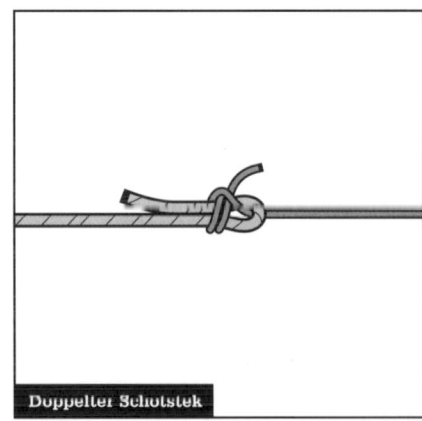

Doppelter Schotstek

Palstek, Schritt 1

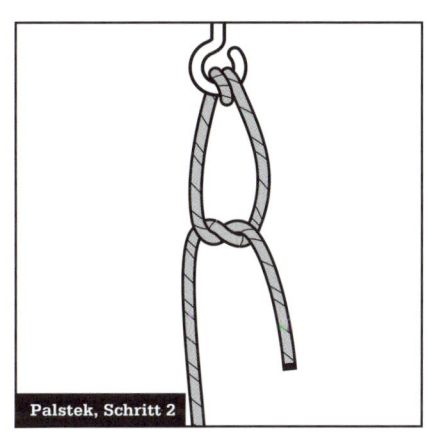

Palstek, Schritt 2

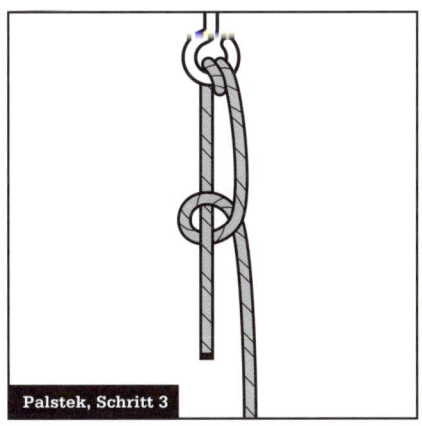

Palstek, Schritt 3

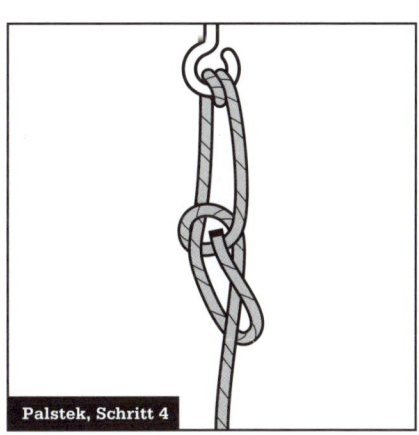

Palstek, Schritt 4

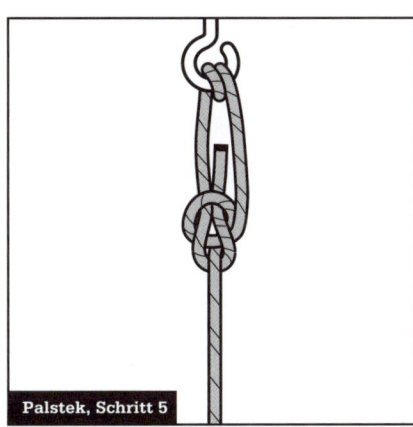

Palstek, Schritt 5

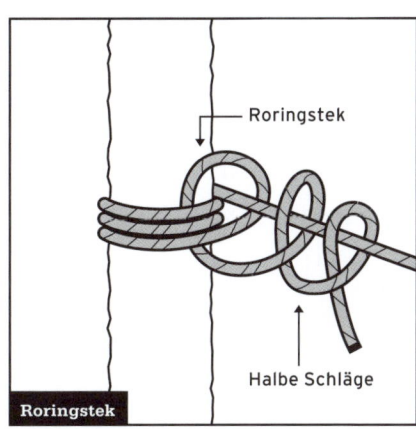

Roringstek

Halbe Schläge

Roringstek

Siehe Abbildung. Für mehr Sicherheit führen Sie das dünnere Ende zwei Mal um die Schleife des dickeren Seils, bevor Sie den Knoten vollenden. Das ist dann ein doppelter Schotstek.

Ein **Palstek (**Bulin) ist ein zuverlässiger Knoten, der sich selbst blockiert und so eine festsitzende Schlaufe bildet, also sehr sicher ist. Ein zusätzlicher Schlag um das Objekt, an das Sie das Seil binden, verhindert das Scheuern des Seils. Um das Seil z. B. an eine Augenschraube zu binden, das Seilende durch den Ring führen, daran ziehen und es nochmals in derselben Richtung durch den Ring führen **(Schritt 1)**. Nun machen wir einen einfachen Überhandknoten **(Schritt 2)** und ziehen das Seilende fest, um im stehenden Ende eine Schleife **(Schritt 3)** zu erhalten. Nun das Ende um das stehende Ende und zurück durch die Schlaufe führen **(Schritte 4 bis 5)**. Nun haben Sie einen zuverlässigen, verschleißarmen Knoten für alle Erfordernisse beim Schwingen und Klettern.

Der **Roringstek** ist ein weiterer absolut zuverlässiger Knoten, der etwa bei der Hängebrücke zur Befestigung des Seils am Baum Verwendung findet. Für diesen Knoten wickeln Sie das Seil dreimal um den Baum. Dann führen Sie das

Seilende um das stehende Ende und zurück durch die drei Schlaufen am Baum. Ziehen Sie die Wicklungen straff und machen Sie den Knoten mit mehreren halben Schlägen fertig. Für einen halben Schlag führen Sie das Ende um das stehende Ende und dann durch die so entstandene Schlaufe. Noch einen halben Schlag und Sie sind fertig.

Mit einem **Kreuzknoten** (Segler nennen ihn Reffknoten) werden gewöhnlich zwei gleiche Seile verbunden. Im Projekt Wasserbombenwerfer wird er zur Sicherheit umklebt. Der Knoten ist ganz leicht: Zuerst ein einfacher Überhandknoten wie beim Binden der Schuhe **(Schritt 1)**. Dann machen wir einen zweiten Überhandknoten auf den ersten. Der einzige Trick ist, beide Seilenden jeweils auf einer Seite in den Knoten hinein- und herauszuführen **(Schritt 2)**. Wenn man das falsch macht, bekommt man einen Altweiberknoten, der nicht sehr stabil und schwer zu öffnen ist, wenn er festsitzt. Siehe **Kreuzknoten, Schritt 3**. Um einen festen Kreuzknoten zu lösen, nehmen Sie nur das stehende Ende und das Ende eines der Seilstücke im Knoten und ziehen sie auseinander.

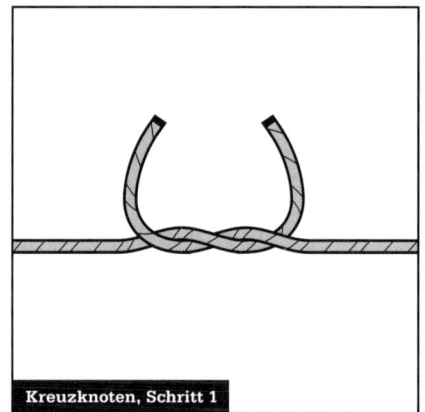

Kreuzknoten, Schritt 1

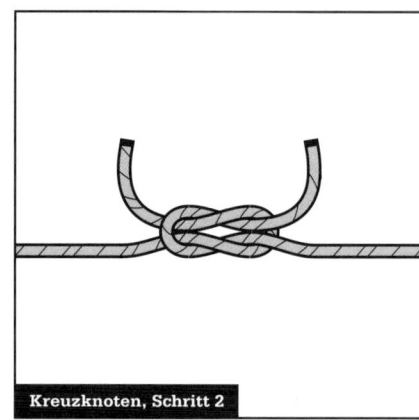

Kreuzknoten, Schritt 2

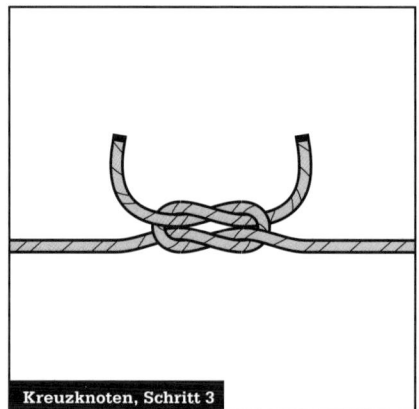

Kreuzknoten, Schritt 3

BEZUGSQUELLEN

Das meiste für die Projekte in diesem Buch benötigte Zubehör ist im üblichen Baumarktsortiment erhältlich.

KÜNSTLER-/BASTELBEDARF

www.gerstaecker.de
www.kerzenstadt.de
www.patchworkshop.de
www.floristik-geschenke-bastel-shop.de
www.kanirope.de
www.shop.lide.ch (Edelsteincenter)
www.exagon.ch
www.creativwelt.ch

VOGELFUTTER

Zoohandlungen, Gartencenter und Detailhandelsgeschäfte

KLETTERBEDARF

www.bergfreunde.de
www.outdoor-climbing.de
www.limit-scs.ch

STOFFE

wwww.stoffe.de
www.stoffkontor.eu
www.stoffoutlet.de
www.stoffkiste.ch
www.arpagaustextil.ch

LEUCHTEN

www.ikea.de
www.shop.white-light.at
www.led-lampenland.ch
www.lextho.ch

PLEXIGLAS

www.acrylglas-shop.com
www.acrylglas.ch
www.cm-design.ch

HOLZ

Das meiste für die Projekte in diesem Buch verwendete Holz ist im Baumarkt erhältlich und wird auch auf das gewünschte Maß zugeschnitten. Zudem werden oft preisgünstige Holzabschnitte angeboten.

www.ghz-cham.de
www.holzhandel.de (Informationen zu Holz und Holzhändler)
www.rahmen-vogt.de

SEILE

www.hebetechnik.de
www.kanirope.de
www.seil-baur.de
www.seil-shop.de
www.conrad.ch
www.seilshop.ch
www.usacord.ch

SKATEBOARDBEDARF

www.skateshop247.de
www.titus.de
www.sportscheck.ch
www.sk8shop.ch

STAHLSEILE

www.edelstahl-niro.de
www.goltz-seile.de
www.huck-gmbh.de
www.jakob.ch
www.distrelec.ch

OPERATIONSSCHLÄUCHE

www.labmarket.com
www.lab-laborfachhandel.de
www.pmi-labortechnik.ch

TRUTHAHN-/GÄNSEFEDERN

www.hg-design.de
www.pow-wow.ch

REGISTER